高等职业教育汽车运用与维修技术专业教材

车辆认知与日常使用

何　毅　谢家良　主　编
　　　　廖辉湘　副主编

人民交通出版社股份有限公司
China Communications Press Co.,Ltd.

内 容 提 要

本书为高等职业教育汽车运用与维修技术专业教材之一。主要内容包括汽车类型及性能认知、汽车外观认知、发动机舱认知、汽车内部认知、汽车底部及后部认知、汽车基本组成认知、汽车技术参数及配置认知、汽车常见开启部件认知、汽车挡位认知、驾驶使用相关部件的调整、汽车仪表盘及指示灯认知、汽车空调认知、汽车多媒体娱乐系统认知、汽车洗涤刮水装置认知、汽车灯具及喇叭认知、汽车五方位认知、汽车运行材料认知、汽车日常检查及应急处置18个项目。

本书可作为高等职业院校汽车运用与维修技术专业教材,也可供汽车维修从业人员及相关技术人员参考使用。

图书在版编目(CIP)数据

车辆认知与日常使用／何毅,谢家良主编. —北京：人民交通出版社股份有限公司,2019.9(2024.9重印)
ISBN 978-7-114-15792-9

Ⅰ.①车… Ⅱ.①何… ②谢… Ⅲ.①汽车—高等职业教育—教材 Ⅳ.①U46

中国版本图书馆 CIP 数据核字(2019)第 187407 号

书　　名：	车辆认知与日常使用
著 作 者：	何　毅　谢家良
责任编辑：	郭　跃
责任校对：	孙国靖　扈　婕
责任印制：	张　凯
出版发行：	人民交通出版社股份有限公司
地　　址：	(100011)北京市朝阳区安定门外外馆斜街 3 号
网　　址：	http://www.ccpcl.com.cn
销售电话：	(010)59757973
总 经 销：	人民交通出版社股份有限公司发行部
经　　销：	各地新华书店
印　　刷：	北京市密东印刷有限公司
开　　本：	787×1092　1/16
印　　张：	8.25
字　　数：	184 千
版　　次：	2019 年 9 月　第 1 版
印　　次：	2024 年 9 月　第 4 次印刷
书　　号：	ISBN 978-7-114-15792-9
定　　价：	22.00 元

(有印刷、装订质量问题的图书,由本公司负责调换)

前言
FOREWORD

　　高等职业教育是现代国民教育体系的重要组成部分,在实施科教兴国战略和人才强国战略中具有特殊的重要地位。党中央、国务院高度重视发展高等职业教育。改革开放以来特别是近几年来,汽车行业迅猛发展,产销量大幅增长,各职业院校根据市场需求相继开设了汽车运用与维修技术专业,选择适用的课程教材对于院校专业建设至关重要,本书是在院校各级领导的通力合作下,各位教师、技术专家的大力协助下编写而成。

　　本书在编写时,根据学院的教学设备和汽车行业的发展趋势,合理安排教学内容并且注重教材的实用性。全书包括18个项目,主要介绍了车辆整体外观到驾驶舱内部以及灯光功能键操作等认识内容。

　　本书由云南交通运输职业学院(云南交通技师学院)何毅、谢家良、廖辉湘负责完成,王发军也参与了本书的编写。

　　本书可作为高等职业院校汽车运用与维修技术专业学生的教科书,也可以供汽修初学者参考使用。

　　最后对所有支持编写的人致谢,对所引用的书籍的作者表示感谢。

　　由于编者水平和经验有限,难免存在缺点和疏漏,恳请广大读者批评指正,交流探讨,以便修改补充。

编　者
2019年7月

目 录 CONTENTS

项目一　汽车类型及性能认知	1
项目二　汽车外观认知	7
项目三　发动机舱认知	14
项目四　汽车内部认知	21
项目五　汽车底部及后部认知	32
项目六　汽车基本组成认知	41
项目七　汽车技术参数及配置认知	49
项目八　汽车常见开启部件认知	56
项目九　汽车挡位认知	61
项目十　驾驶使用相关部件的调整	66
项目十一　汽车仪表盘及指示灯认知	72
项目十二　汽车空调认知	79
项目十三　汽车多媒体娱乐系统认知	84
项目十四　汽车洗涤刮水装置认知	94
项目十五　汽车灯具及喇叭认知	98
项目十六　汽车五方位认知	104
项目十七　汽车运行材料认知	110
项目十八　汽车日常检查及应急处置	116
参考文献	124

项目一　汽车类型及性能认知

学习目标

完成本项目学习后,你应能:
　1. 对汽车进行正确的分类;
　2. 简单叙述常见家庭用车的类型;
　3. 简单叙述汽车动力性指标;
　4. 简单说出汽车燃油经济性指标。
建议学时
　2 学时。

汽车的种类繁多,但是总体上来说,还是可以根据其用途、行驶方式、发动机等进行简单的分类。

一、汽车的分类

(一) 按用途分类

1. 普通运输汽车

(1) 轿车:在其设计和技术特性上主要用于载运乘客及其随身行李和/或临时物品的汽车,包括驾驶员座位在内最多不超过 9 个座位。按照发动机排量划分:有微型轿车(1L 以下)、小型轿车(1～1.6L)、中级轿车(1.6～2.5L)、中高级轿车(2.5～4L)、高级轿车(4L 以上)。

(2) 客车:在设计和技术特性上用于载运乘客及其随身行李的商用车辆,包括驾驶员座位在内座位数超过 9 座。按照长度划分:有微型客车(不超过 3.5m)、小型客车(3.5～7m)、中型客车(7～10m)和大型客车(10m 以上)。

(3) 货车:一种主要为载运货物而设计和装备的商用车辆。

2. 专用汽车

(1) 作业型专用汽车。在其设计和技术特性上用于特殊工作的货车。包括救护车、消防车、环卫车、电视广播车、机场作业车、市政建设工程作业车等。

(2) 运输型专用汽车。是指车身经过改装,用来运输专门货物的汽车。包括垃圾运输车、冷藏车厢货车、运输沙土的自卸汽车、混凝土运输车、罐车,此外还有挂车、半挂车、集装箱货车等。

3. 特殊用途汽车

(1) 竞赛汽车。一级方程式赛车、勒芒 24 小时耐力赛车。

(2)娱乐汽车。房车、高尔夫球场专用车、海滩游乐汽车等。

（二）按动力装置类型分类

1．内燃机汽车

(1)活塞式内燃机汽车。

(2)燃气轮机汽车。

2．电动汽车

(1)纯电动汽车(BEV)。

(2)燃料电池电动汽车(FCEV)。

(3)混合动力电动汽车(HEV)。

3．喷气式汽车

4．其他

蒸汽机汽车、太阳能汽车等。

（三）按行驶机构特征分类

1．轮式汽车

2．其他

履带式、雪橇式、气垫式、步行式等。

二、常见轿车分类

轿车是指用于载送人员及其随身物品,且座位布置在两轴之间的汽车。包括驾驶者在内,座位数最多不超过9个。一般轿车强调的是舒适性,以乘员为中心。而且是从经济性考虑出发,选择动力适中、排量小、耗油量小的发动机。

1．两厢

在国外,两厢车通常叫作"hatchback",也就是掀背的意思,但是这与我们国内叫的掀背车有所区别。在国内,两厢车是指少了凸出的行李舱的轿车,它将车厢与行李舱做成同一个厢体,并且发动机独立的布置形式。这种布局形式能增加车内空间,因此多用于小型车和紧凑型车,如图1-1所示。

图1-1 两厢轿车

2．三厢

三厢式汽车,轿车的标准形式。我们常见的轿车一般是三厢车,它的车身结构由3个相互封闭用途各异的"厢"所组成；前部的发动机舱、车身中部的乘员舱和后部的行李舱，如图 1-2 所示。

图 1-2 三厢轿车

3. 掀背车

掀背车在国外往往指的是两厢车，英文翻译为"Hatchback"，而国内所指的掀背车则是那些外形与三厢车相似，也有突出的行李舱，但是整个行李舱盖和后车窗玻璃是一体的能够一起打开的，在国外通常称为"Quickback"或"Fastback"，译为"快背"，相对短小的行李舱以及相对动感的尾部线条，让掀背车在视觉效果上更优于三厢车，如图 1-3 所示。

4. 旅行车

在英语中，旅行车通常称为"Wagon"，奥迪称为"Avant"，宝马称为"Touring"，而奔驰称为"Estate"。一般来说大多数旅行车都是以轿车为基础，把轿车的行李舱加高到与车顶齐平，用来增加行李空间。"Wagon"的优点就在于它既有轿车的舒适，也有相当大的行李空间。旅行车是在人类崇尚自然、热衷旅游的风潮下衍生出来的一种轿车派生车型，与 SUV 和 MPV 相比，它的购买价格和使用成本都较低，而且具有更灵巧的车身，便于驾驶和停放，因此，在经济发达国家（尤其在欧洲的一些国家）的民众生活中扮演着重要的角色。

随着国内消费者物质生活水平的提高，节假日带着家人，开着旅行车，一起出门远行，已成为都市车族的新时尚。旅行车不仅能够长途跋涉，而且空间足够大，可以携带充足的旅行装备，如图 1-4 所示。

图 1-3 掀背车　　　　　　　　　　图 1-4 旅行车

5. SUV

SUV 是"Sports Utility Vehicle"的简写，中文意思是运动型多功能车，是一种同时拥有旅行车般的舒适性、空间和一定越野能力的车型，现在的 SUV 一般是指那些以轿车平台为基础生产,在一定程度上既具有轿车的舒适性,又有越野车的通过性的车型。硬派越野车、混型车"Crossover",如牧马人、宝马X6、酷搏等,也都归属于SUV级别。由此也引出一个比较特别的情况,SUV不但类别繁多、车身尺寸有大有小,而且价格也是横跨几万元到几百万元的区间。

现在的新式SUV和过去的传统SUV相比,车体的质量已减轻了不少,同时外观也更加流线型,发动机也更省油,SUV的油耗瞬时降低且不失越野性,但也有车厂为了让SUV更省油,放弃了高底盘、四轮驱动和高刚性的悬吊系统,虽然失去了部分越野能力,但也让油耗降得更低,如图1-5所示。

6. MPV

MPV是指多用途汽车(Multi-Purpose Vehicle),从源头上讲,MPV是从旅行轿车逐渐演变而来的,它集旅行车宽大乘员空间、轿车的舒适性和厢式货车的功能于一身,一般为两厢式结构,即多用途车。

MPV同面包车存在明显的区别。面包车是单厢式结构,即乘客空间和发动机共同在一个框架结构内,发动机被安置在驾驶员座位的后下方。采用这种布局,车体结构简单,但是整车高度相对增加,同时车内空间增加,发动机噪声相对较大。并且由于前排座椅处在全车的最前面,在发生正面撞击事故时,驾驶员及前排乘客前方的缓冲空间很小,所以安全系数较低。现在的MPV首先是要具备两厢式结构,布局以轿车结构为基础,一般直接采用轿车的底盘、发动机,因而具有和轿车相近的外形和同样的驾驶感、乘坐舒适感。由于车身最前方是发动机舱,可以有效地缓冲来自正前方的撞击,保护前排乘员的安全。许多MPV都是在轿车平台上生产出来的;如广州本田的奥德赛,其车型开发完全是按照轿车的理念进行的,这点是MPV与轻型客车最大的不同。

MPV拥有一个完整宽大乘员空间,这使它在内部结构上具有很大的灵活性,这也是MPV最具吸引力的地方。车厢内可以布置下7~8个人的座位,还有一定的行李空间;座椅布置灵活,可全部折叠或放倒,有些还可以前后左右移动甚至旋转,如图1-6所示。

图1-5 SUV

图1-6 MPV

三、汽车动力性指标

(一)汽车动力性

是指汽车能够达到的最高行驶车速、加速和爬坡能力。汽车的动力性越好,平均行驶速度越高,其运输效率也就越高。

(二) 评价指标

1. 最高车速

最高车速是指汽车在水平良好的路面上,能够达到的最高稳定行驶速度。

2. 加速能力

加速能力是指汽车在水平、良好的路面行驶中所能达到的最大加速能力。加速时间分为原地起步加速时间和超车加速时间。

1) 原地起步加速时间

原地起步加速时间,也称起步换挡加速时间,是指用规定的低速挡起步,以最大的加速度逐步换挡到最高挡后,加速到某一规定的车速(如 0~50km/h;0~80km/h 或 0~100km/h)所需的时间。原地起步加速时间越短,则汽车发动机的动力性也越好。

2) 超车加速时间

超车加速时间,也称直接挡加速时间,是指用最高挡或次高挡,由某一预定车速开始,全力加速到某一高速所需的时间。超车加速时间越短,说明汽车加速能力越好,也说明其高速挡加速性能越好。

3. 爬坡能力

爬坡能力指汽车满载时在良好的坡道上,用一挡能克服的最大爬坡度。轿车大多在良好路面上行驶,主要强调最高车速和加速能力,一般不太强调爬坡能力。货车在各种不同的道路上行驶,除了具有较高的最高车速和加速能力以外,还应该具有足够的爬坡能力。越野车在坏路或无路条件下行驶,爬坡能力非常重要,一般可达 30% 以上。

四、汽车燃油经济性指标

(一) 燃油经济性

是指在保证动力性的条件下,汽车以尽量少的燃油消耗量经济行驶的能力。

(二) 评价指标

1. 等速百公里油耗(L/100km)

等速百公里油耗是指汽车在一定载荷下,以最高挡在水平良好路面上等速行驶 100km 的燃油消耗量。常测出每隔 10km/h 或 20km/h 速度间隔的等速百公里油耗量,然后在图上连成曲线,称为等速百公里燃油消耗量曲线,并用它来评价汽车的燃油经济性。

在我国及欧洲国家燃油经济性指标的单位为 L/100km,即行驶 100km 所消耗的燃油量(升)。其数值越大,汽车的燃油经济性就越差。在美国等一些美洲国家,其燃油经济性指标为 MPG,指的是每加仑燃油能行驶的英里数。这个数值越大,其燃油经济性就越好。

与此相仿的汽车燃油经济性指标还有:

1) 百吨公里油耗量(L/100t·km)

它表示汽车运行中,每完成 100 吨公里的运输量所消耗的燃油量,主要用于不同容载量汽车燃油经济性的评价。

2)每升燃油行驶里程(km/L)

它表示汽车消耗一升燃油可行驶的里程数。

3)每小时耗油量(kg/h)

它表示汽车每小时所消耗的燃油量(以质量表示)。

4)每公里耗油量(L/km)

它表示汽车每行驶一公里所消耗的燃油量(以体积表示)。

5)比油耗(g/kW·h)

它表示发动机的单位有效功率在单位时间内所消耗的燃油量。

2. 循环行驶工况油耗量

等速行驶工况并没有全面反映汽车的实际运行情况,尤其不能反映汽车在市区行驶中频繁出现的加速、减速、怠速停车等行驶工况。因此,在对实际行驶车辆进行跟踪测试、统计的基础上,各国都制订了一些典型的循环行驶试验工况来模拟实际汽车运行状况,并以其百公里燃油消耗量(或 MPG)来评定相应行驶工况的燃油经济性,称之为循环工况行驶油耗量。

习 题

一、填空题

1. 车辆按用途分为_____、_____和_____。
2. 普通运输汽车分为_____、_____和_____。
3. 专用汽车分为_____和_____。
4. 特殊用途汽车分为_____和_____。
5. 汽车按动力装置类型分类_____、_____、_____和其他。
6. 电动汽车的类型有_____、_____、_____。
7. 三厢车前部是_____舱、车身中部是_____舱、后部是_____舱。

二、名称解释

1. 最高车速

2. 加速能力

3. 爬坡能力

4. 原地起步加速时间

5. 超车加速时间

项目二　汽车外观认知

学习目标

完成本项目学习后,你应能:
1. 说出车辆外观结构的组成;
2. 据图说出车身外部各组成部件名称。

建议学时
2学时。

在日常生活中大家看到汽车,首先映入眼帘的是汽车外观。不同品牌、不同级别、不同车型的车辆外观在色彩、大小、样式、形状上各有差异,但车辆外观的结构大同小异。汽车外观结构大致可以划分为车身前段、车身中段、车身后段三部分,如图2-1 所示为车辆外观结构,图2-2 所示为车辆整体外观结构示意图。

图2-1　车辆外观结构

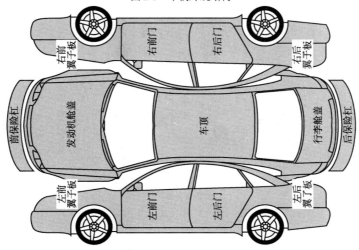

图2-2　车辆整体外观结构示意图

一、车身前段

车身前段由前照灯、发动机舱盖、翼子板、进气格栅、保险杠、后视镜、前雾灯等组成,如图 2-3 所示。

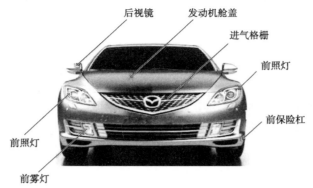

图 2-3 车身前段

1. 前照灯

前照灯具有照明、警示等作用,由转向灯、近光灯、远光灯、示廓灯、前雾灯等组成,如图 2-4 所示。

a)右前照灯

b)左前照灯

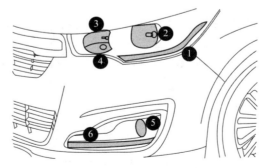
c)灯光位置图

图 2-4 前照灯
1-转向灯;2-近光灯;3-远光灯;4-位置灯;5-前雾灯;6-日间行车灯

2. 发动机舱盖

发动机舱盖是最醒目的车身构件,发动机舱盖一般由外板和内板组成,中间夹以隔热材料,如图 2-5 所示。

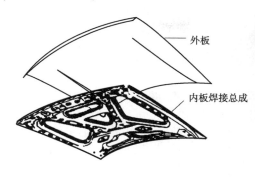

图 2-5　发动舱盖

3. 翼子板

翼子板是遮盖车轮的车身外板,按照安装位置又分为前翼子板和后翼子板,前翼子板安装在前轮处,后翼子板安装在后轮处,如图 2-6 所示。

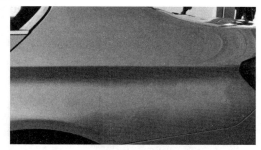

a)前翼子板　　　　　　　　　　　　　　　b)后翼子板

图 2-6　翼子板

4. 进气格栅

进气格栅是汽车前脸的重要组成部分,往往跟车标融为一体,每个厂商在汽车进气格栅的设计上都有自己的特点,汽车进气格栅的外形也就代表了一个品牌。其主要作用是对散热器气流进行整流及导流,保护散热器,如图 2-7 所示。

图 2-7　进气格栅

5. 保险杠

汽车保险杠是吸收、缓和外界冲击力,防护车身前后部的安全装置,除了车外部可见的保险杠外饰件,内部还有与车架相连的吸收碰撞能量的纵梁和横梁。车辆前后保险杠除了保持原有的保护功能外,还追求与车体造型和谐与统一,追求本身的轻量化。目前轿车的前后保险杠外装饰件采用了塑料,是为了轻量化和美观,人们称为塑料装饰件保险杠,如图 2-8 所示。

a) 前保险杠

b) 后保险杠

图 2-8 保险杠

6. 后视镜

汽车后视镜反映汽车后方、侧方和下方的情况,使驾驶人可以间接看清楚这些位置的情况,它起着"第二只眼睛"的作用,扩大了驾驶人的视野范围,如图 2-9 所示。

a) 左后视镜　　　　　　　　　　　　　b) 右后视镜

图 2-9 后视镜

二、车身中段

车身中段主要由风窗玻璃、刮水器、车顶、车门、立柱等组成,如图 2-10 所示。

图 2-10 车身中段

1. 车顶

车顶是车厢顶部的盖板,其上可能安装有天窗、换气窗、天线等组成,如图 2-11 所示。

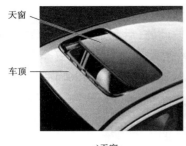

a)天窗　　　　　　　　　　　　　　b)天线

图 2-11　车顶

2. 车门

车门是乘员上下车的通道,其上还安装有门锁、玻璃、玻璃升降器等附属设施。门窗玻璃采用的是钢化玻璃,是指将普通玻璃淬火使内部组织形成一定的内应力,从而使玻璃的强度得到加强,在受到冲击破碎时,玻璃会分裂成带钝边的小碎块,对乘员不易造成伤害。车门框架是车门的主要钢架,铰链、玻璃、车门把手等安装在车门框架上。车门及其附件主要包括车门板(车门内板和车门外板)、车门内饰板、车门铰链、车门锁等组件,如图 2-12 所示。

a)前车门　　　　　　　　　　　　　　b)后车门

图 2-12　车门结构

3. 风窗玻璃

汽车风窗玻璃的作用主要是挡风,也能把沙石之类的东西挡在车外。其大多采用的是夹层玻璃,是指用一种透明可黏合性塑料膜贴在二层或三层玻璃之间,将塑料的强韧性和玻璃的坚硬性结合在一起,增加了玻璃的抗破碎能力,如图 2-13 所示。

a)前风窗玻璃

b)后风窗玻璃

图 2-13　风窗玻璃

4. 刮水器

刮水器是安装在风窗上的重要附件。位于前、后风窗玻璃处,后刮水器只有两厢车才会有。它的作用是扫除风窗玻璃上妨碍视线的雨雪和尘土。因此,它对于行车安全具有重要的作用。现代汽车一般采用电动刮水器,其优点是结构简单、控制方便,如图 2-14 所示。

a)前刮水器

b)后刮水器

图 2-14　刮水器

5. 立柱

一般轿车车身有三个立柱,从前往后依次为前柱(A 柱)、中柱(B 柱)、后柱(C 柱)。对于轿车而言,立柱除了支撑作用,也起到门框的作用。车身中段的立柱起着支撑风窗和车顶的作用,如图 2-15 所示。

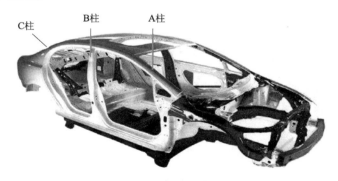

图 2-15　立柱示意图

三、车身后段

车身后段主要是用来放置物品的部分。主要由行李舱盖、尾灯等组成。油箱盖一般位于左后或右后翼子板处,如图 2-16 所示。

项目二　汽车外观认知

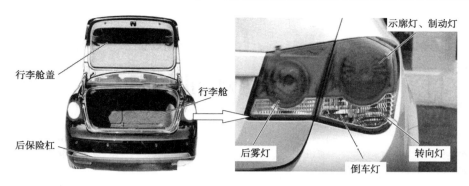

a)行李舱及后尾灯

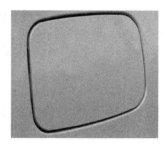

b)油箱盖

图 2-16　车身后段

习　题

一、填空题

1. 车辆外观结构由、_____、_____三部分组成。
2. 风窗玻璃的作用是_____。
3. 汽车保险杠的作用是_____。
4. 刮水器的作用是_____。
5. 立柱的作用是_____。

二、名词解释

1. 夹层玻璃

2. 钢化玻璃

项目三　发动机舱认知

学习目标

完成本项目学习后,你应能:
  1. 准确说出发动机舱外围关联部件名称;
  2. 简单说出发动机外部附件名称。

建议学时
  2学时。

发动机舱主要用来装配发动机及其相关零部件,是汽车的核心部件所在。发动机舱内部包括发动机总成、空气滤清器、机油尺、蓄电池、制动液储液罐、玻璃水储液罐、冷却液储液罐、空调压缩机、转向助力泵、制动主缸、ABS泵、真空助力装置等组成。虽然组成部件很多,但是可以归纳成发动机舱外围关联部件和发动机外部附件两部分组成,如图3-1所示为发动机舱。

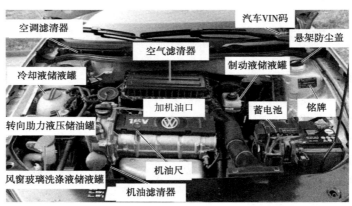

图3-1　发动机舱

一、发动机舱外围关联部件

1.空气滤清器

空气滤清器主要负责清除空气中的微粒杂质,向发动机提供干净、清洁的空气。由滤芯和壳体两部分组成,如图3-2所示。

2.冷却液储液罐

里面装有冷却液,作用是随时补充冷却系消耗短缺的冷却液。保证发动机在正常的温度范围内运行,如图3-3所示为冷却液储液罐。

a) 空气滤清器外壳　　　　　　　　　　b) 空气滤芯

图 3-2　空气滤清器

3. 散热器

作用是冷却液在散热器芯内流动,空气在散热器外通过,热的冷却液由于向空气散热而变冷,冷空气则因为吸收冷却液散出的热量而升温。所以散热器是一个热交换器,安装在发动机舱前面,前保险杠后部,如图 3-4 所示为散热器。

图 3-3　冷却液储液罐　　　　　　　　图 3-4　散热器

4. 制动液储液罐

里面装有制动液,是用在汽车液压制动系统和汽车离合器的液压操纵系统中,为其补充缺失的制动液,保证液压系统用来传递压力以便使汽车产生制动或离合器分离,如图 3-5 所示为制动液储液罐。

5. 制动主缸

制动主缸,是整车制动系统的制动液压产生总成,位于制动液储液罐下方,如图 3-6 所示为制动主缸。

6. 真空助力装置

又叫真空助力器是制动系统中的制动伺服装置。作用是利用发动机工作时进气道所产生的真空度,按一定比例放大制动踏板力来推动制动主缸活塞,使制动主缸产生液压力,使车轮制动器产生制动阻力,进而控制车辆减速或制动。位于制动主缸的后

图 3-5　制动液储液罐

部,如图3-7所示为真空助力器。

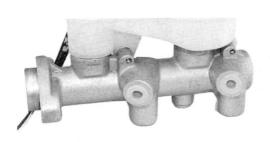

图3-6 制动主缸

图3-7 真空助力器

7. ABS 泵

ABS 是制动防抱死系统,ABS 一般不发挥作用,只有在紧急制动时,ABS 才发生效力。可以避免在紧急制动时车轮抱死,避免车辆转向失控及车轮侧滑,使车轮在制动时不被抱死,轮胎不在一个点上与地面摩擦,加大了制动力,使制动效率达到90%以上。位于制动主缸旁边,中间由制动金属油管连接,如图3-8所示为 ABS 泵。

8. 转向助力液压油储油罐

里面装有转向助力液压油是汽车助力转向泵里面使用的一种液压油,通过液压作用,可以使转动转向盘时变得非常轻巧,对保证汽车的操控性很重要,如图3-9所示为转向液压助力液压油储油罐。

图3-8 ABS 泵

图3-9 转向助力液压油储油罐

9. 风窗玻璃洗涤液储液罐

风窗玻璃洗涤液储液罐里面装有风窗玻璃洗涤液,又称为玻璃水,是与刮水器搭配使用的,其作用主要是擦拭前风窗玻璃,清洗风窗玻璃上的一些污垢,甚至可以清除那些比较顽固的痕迹,例如油垢等。为驾驶员与前排乘客提供良好的视野,便于驾驶员看清车前状况,如图3-10为风窗玻璃洗涤液储液罐。

10. 蓄电池

蓄电池的作用是为起动机提供电能,并供给发动机用电。当发动机低速运转,发电机发电不足时,供给照明、音响装置、点火系统用电;当发动机高速运转,发电机发电充足时,由蓄电池储存多余电能,如图 3-11 所示为蓄电池。

图 3-10　风窗玻璃洗涤液储液罐

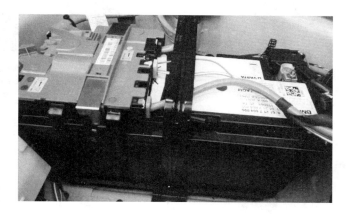

图 3-11　蓄电池

11. 熔断器

熔断器内安装有熔断丝和继电器,熔断丝的作用是当电路发生故障或异常时,自身熔断切断电流,从而起到保护用电设备安全的作用,如图 3-12 所示为熔断器。

图 3-12　熔断器

二、发动机外部附件

1. 发动机

发动机作为发动机舱内的主要核心部件,为车辆提供行驶的动力,并带动车辆辅件工作,也可以说是车辆的"心脏",如图3-13所示为发动机总成。

2. 机油尺

机油尺的作用主要是检查发动机内部机油液面高度的量尺,油尺底部有刻度线,通过刻度线的高、低,可以反映出发动机实际机油储量。如图3-14所示为机油尺。

图3-13　发动机总成

图3-14　机油尺

3. 节气门体

节气门是控制空气进入发动机的一道可控阀门,空气进入进气管后会和汽油混合成可燃混合气,从而燃烧做功。一端与空气滤清器相连,另一端接发动机进气歧管,被称为是汽车发动机的咽喉,如图3-15所示为发动机节气门体。

4. 机油滤清器

机油滤清器的作用是滤除机油中的杂物、胶质和水分,向各润滑部位输送清洁的机油。由于发动机型号不同,机油滤清器所处的位置也不同,有汽缸盖上部、缸体侧部和缸体下部,如

图3-15　节气门体

图3-16所示为机油滤清器。

5. 发电机

汽车发电机是汽车的主要电源,其功用是在发动机正常运转时(怠速以上),向所有用电设备(起动机除外)供电,同时向蓄电池充电。位于发动机上部,通过传动带与曲轴传动带盘相连接,如图3-17所示为发电机。

图 3-16　机油滤清器

6. 空调压缩机

完整的空调系统会有低压部分和高压部分,空调压缩机就是把低压部分的冷媒压缩变成高压,再通过膨胀阀变成低压。安装在空调下部一侧,由空调压缩机传动带与曲轴传动带盘连接,如图 3-18 所示为空调压缩机。

图 3-17　发电机　　　　　　　　图 3-18　空调压缩机

7. 转向机转向助力泵

转向机转向助力主要是协助驾驶员作汽车转向调整,为驾驶员减轻转动转向盘的用力强度。安装在发动机下部另一侧,由发电机传动带连接,如图 3-19 所示为转向助力泵。

除上述部件外,发动机舱内部还有水管、油管、真空管及各连接线束。

图 3-19　转向助力泵

习　题

一、填空题

1. 发动机舱主要由_____和_____两部分组成。
2. 空气滤清器由_____和_____两部分组成。
3. 冷却液储液罐里面装有_____。
4. 制动液储液罐里面装有_____。

5. 制动主缸，又称"_____""_____"。
6. ABS泵是_____系统部件。
7. 转向助力液压油储油罐里面装有_____。
8. 风窗玻璃洗涤液又称为_____。
9. 蓄电池的作用是供给_____用电。
10. 熔断器内安装有_____和_____。
11. 机油尺的作用主要是检查_____。
12. 节气门体一端与_____相连，另一端接发动机的_____。
13. 空调压缩机的作用就是把低压部分的_____变成高压，再通过膨胀阀变成低压。

二、简答题

1. 空气滤清器的作用？

2. 散热器的作用？

3. 机油滤清器的作用？

4. 冷却液的作用？

项目四　汽车内部认知

> **学习目标**
>
> 完成本项目学习后，你应能：
> 　1. 准确说出驾驶舱功能部件的名称；
> 　2. 准确说出乘员座舱部件的名称。
> **建议学时**
> 　2 学时。

　　汽车内部主要由驾驶舱和乘员座舱两部分组成。驾驶舱是驾驶人在行车过程中进行驾驶操作和功能使用的空间，其主要部件包括转向盘、灯光开关、仪表板、刮水器开关、变速器操纵杆、驻车制动拉杆、加速、制动和离合器踏板、多媒体系统和空调控制面板、空调出风口、顶灯、天窗开关、后视镜、遮阳板、危险警示灯开关、座椅、安全带、杂物箱等组成。乘员座舱是乘车人员乘坐和活动的空间，位于驾驶室后部，其主要部件包括电动门窗升降开关、照地灯、后排座椅、安全带、阅读灯等。驾驶室内部如图 4-1 所示。

图 4-1　驾驶室内部

一、驾驶舱

1. 转向盘

　　转向盘可分为一般转向盘和多功能转向盘，区别在于一般转向盘上只有安全气囊和喇叭开关，而多功能转向盘是在原有的基础上装有多功能按键，通常都是方便驾驶人在驾驶中进行音量调节和菜单选择等操作，部分带车载电话的车型也会把接听和话筒等按键设置在转向盘上，方便驾驶人使用。转向盘如图 4-2 所示。

a) 一般转向盘　　　　　　b) 多功能转向盘

图 4-2　转向盘

2. 灯光开关

灯光开关是平时最常用到的功能之一,灯光开关控制主要有两个位置,欧系车主要占据仪表台面板左侧,日、韩系车则以转向盘左侧操纵杆为主。欧系车灯光开关如图 4-3a)所示,日、韩系车灯光开关如图 4-3b)。

a) 欧系车灯光开关

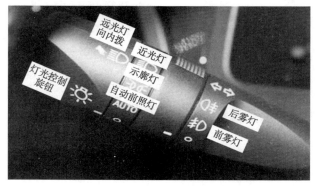

b) 日、韩系车灯光开关

图 4-3　灯光开关

3. 仪表盘

仪表盘也称为组合仪表板位于转向盘前面的仪表台上,是车辆上的重要仪表部件,当车辆在行驶过程中如遇突发故障,仪表盘上的对应指示灯点亮可以提示驾驶人,组合仪表盘如图 4-4 所示。

项目四　汽车内部认知

图 4-4　组合仪表盘

4. 刮水器开关

刮水器开关操纵杆,位于转向盘右侧。主要是负责刮水器喷水和刮水工作,刮水器开关如图 4-5 所示。

图 4-5　刮水器开关

5. 变速器操纵杆

变速器操纵杆又叫变速杆,属于变速器的操作机构,分为手动和自动变速器两种操纵杆,安装在驻车制动拉杆的前面。手动变速器操纵杆如图 4-6a)所示,自动变速器操纵杆如图 4-6b)所示。

a)手动变速器操纵杆　　　　　　　　b)自动变速器操纵杆

图 4-6　变速器操纵杆

6. 驻车制动器操纵杆

驻车制动器操纵杆,又叫手制动拉杆(俗称手刹)。当驾驶人拉起驻车制动器操纵杆,驻车制动器处于制动状态。用拇指按动顶端的按钮,把驻车制动器操纵杆放下去,这时驻车制

23

动器就松开了。驻车制动器是控制车辆在停止时,防止车辆溜动的装置,使用时用手直接拉起就可以,驻车制动器操纵杆如图4-7所示。

7．脚踏板

脚踏板位于转向盘下部,如图4-8所示。最右边踏板的是加速踏板(俗称油门踏板),其作用是当驾驶人踩下踏板时,发动机转速提高,当驾驶人抬起踏板时,发动机转速降低。中间的踏板是制动踏板(俗称刹车踏板),因此在踩的时候要平稳地踩下,逐渐加大的制动力会使运动中的车辆停止。最左边的踏板是离合器踏板,它的作用是分离、接合发动机和变速器之间的动力传递。脚踏板如图4-8所示。

图4-7　驻车制动器操纵杆

图4-8　脚踏板

8．多媒体控制系统

多媒体控制系统位于仪表板的中间位置,常见的部件有CD、收音机和DVD等设备。随着科技的进步,多媒体系统功能也越来越强大,除必要的基本配置外,还增加了导航、电子地图等功能。多媒体系统如图4-9所示。

a)CD播放器

b)DVD播放器

图4-9　多媒体控制系统

9. 空调控制面板

空调控制面板位于仪表台的中间位置,空调可分为手动空调和自动空调两种。无论手动还是自动空调,我们都可以选择内外循环。内循环就是空调系统从车内吸取空气,外循环自然就是吸取车外的空气。空调控制面板如图4-10所示。

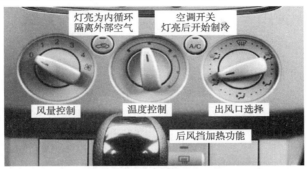

a)手动空调

b)自动空调

图4-10 空调控制面板

10. 空调出风口

空调出风口位于仪表板中间及左、右两边,主要负责空调热风、冷风的出口,仪表板中间出风口如图4-11a)所示,出风示意图如图4-11b)所示。

a)仪表台中央出风口

b)出风示意图

图4-11 空调出风口

车辆认知与日常使用

11. 中控、车窗升降、后视镜调节

车窗和车门相关的功能键一般都在左前车门内饰板上,如中控开关、车窗升降、后视镜调节旋钮等。有的车辆安装在转向盘左侧仪表台上,后视镜调节旋钮和中控开关如图 4-12a)所示,电动车窗组合开关如图 4-12b)所示。

a)后视镜调节旋钮和中控开关

b)电动车窗组合开关

图 4-12　中控、车窗升降、后视镜调节

12. 顶灯、天窗开关

顶灯也叫阅读灯和天窗开关一起安装在驾驶室中央位置的车顶上,顶灯及天窗开关如图 4-13 所示。

图 4-13　顶灯及天窗开关

13. 后视镜、遮阳板

车内后视镜位于前风窗玻璃中间上方,主要是把车辆后方情况反射到车内后视镜上,协助驾驶人查看,车内后视镜如图 4-14 所示。遮阳板位于主、副驾驶室上部的车顶上,作用是

当太阳光线照射太强时,驾驶人放下遮阳板减少由于光线刺激眼睛而出现炫目。遮阳板另一面还装配有化妆镜和灯光,遮阳板如图 4-15 所示。

图 4-14　车内后视镜

图 4-15　遮阳板

14. 危险报警闪光灯

危险报警闪光灯是一种提醒其他车辆与行人注意本车发生了故障,而不能行驶或遇到特殊情况下而开启的信号灯。在驾车过程中遇到浓雾,能见度低于 100m 时,由于视线不好,不但应该开启前、后防雾灯,此时还应该开启危险报警闪光灯,以提醒过往车辆及行人的注意,特别是提醒后方行驶的车辆需保持应有的安全距离和必要的安全车速,避免紧急制动引起追尾事故。其一般安装在仪表板中间的醒目位置上,也有安装在转向盘正前方,危险警示灯如图 4-16 所示。

图 4-16　危险报警闪光灯

15. 座椅调整

驾驶舱座椅位置调整一般分为手动和电动两种,主要是方便驾驶人操作,可以通过座椅一侧的调整杆对前后位置、靠背斜度、垂直高度等进行手动调整,电动座椅是通过调整按键来进行控制,除手动有的功能外,高端车辆上还配有按摩和加热、记忆功能,手动调节座椅如图 4-17 所示,电动调节座椅如图 4-18 所示。座椅头枕一般都是手动对头枕进行调节,头枕调节如图 4-19 所示,往箭头 1 方向拉动头枕可升高头枕,调好后按住锁定释放按钮;然后往箭头 2 方向压头枕可降低头枕高度。

图 4-17 手动座椅调节

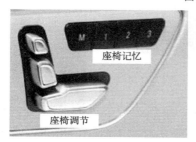 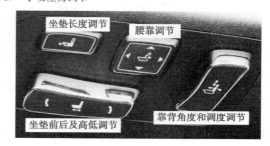

图 4-18 电动座椅调节

 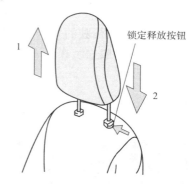

图 4-19 头枕调节

16. 安全带

前排安全带位于车身中段的 B 柱内饰板上,由安全带和卡扣两部分组成。作用就是在车辆发生碰撞或使用紧急制动时,预紧装置就会瞬间收束,绷紧佩戴时松弛的安全带,将乘员牢牢地拴在座椅上,防止发生二次碰撞,前排安全带如图 4-20 所示。

17. 杂物箱

杂物箱也称为手套箱,主要是方便驾驶人摆放、存储一些小的物品,杂物箱如图 4-21 所示。

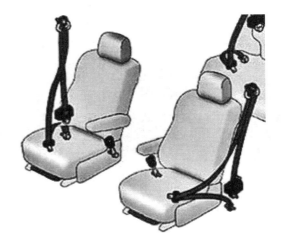

图 4-20　前排安全带

图 4-21　杂物箱

二、乘员座舱

1. 电动门窗升降开关、照地灯

现在大多数车辆都采用电动门窗升降开关,极少数还采用手动门窗升降摇把的,一般位于右前门及两后车门的内饰板上,主要是方便乘员升、降车窗玻璃,电动门窗升降开关如图 4-22a)所示,手动门窗升降摇把如图 4-22b)所示。

a)电动门窗升降开关　　　　　　　　　　　b)手动门窗升降摇把

图 4-22　门窗升降控制部件

照地灯一般在配置较高的车辆上,位于4个车门内部饰板下方,作用是在光线较暗或夜晚方便上、下车辆的乘客看清车门下方的路面情况,照地灯如图4-23所示。

图4-23 照地灯

2. 后排座椅、安全带

后排座椅不可以调整座椅的前后、高度、靠背斜度,但后排座椅靠背可以完全或单独折叠,头枕高度可以调整,后排座椅及安全带如图4-24所示。

图4-24 后排座椅及安全带

3. 阅读灯

后排阅读灯位于后排座椅上部的车顶中央或两后门门框上部,后排阅读灯如图4-25所示。

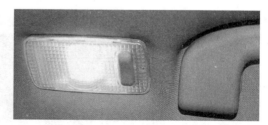

图4-25 后排阅读灯

习 题

一、填空题

1. 汽车内部主要由_____和_____两部分组成。

2. 转向盘可分为_____转向盘和_____转向盘，区别在于一般转向盘上只有_____和_____，而多功能转向盘是在原有的基础上装有多功能按键。

3. 灯光开关控制主要有两个位置，欧系车主要占据_____面板左侧，日、韩系车则以转向盘左侧_____为主。

4. 刮水器开关操纵杆，位于转向盘的_____，主要是负责刮水器的_____和_____工作。

5. 变速器操纵杆分为_____和_____两种操纵杆。

6. 驻车制动器是车辆停止时，防止车辆_____的装置。

7. 多媒体控制系统位于_____中间位置，随着科技的进步，多媒体系统功能也越来越强大，除基本有的配置外还增加了_____、_____等功能。

8. 空调控制面板位于仪表板中间位置，空调可分为_____空调和_____空调两种。

9. 空调出风口位于仪表板_____及_____两边，主要负责空调_____、_____的出口。

10. 前排安全带位于车身中段的_____内饰板上，由_____和_____两部分组成。

11. 照地灯一般使用在配置较高的车辆上，位于4个车门_____下方。

12. 后排座椅中，不可以调整座椅的_____、_____、_____。

二、简答题

1. 危险报警闪光灯的作用是什么？

2. 照地灯的作用是什么？

3. 后视镜的作用是什么？

4. 遮阳板的作用是什么？

项目五　汽车底部及后部认知

学习目标

完成本项目学习后,你应能:
1. 准确说出汽车底部部件的名称;
2. 准确说出行李舱内部件和尾灯的名称。

建议学时
2学时。

汽车底部主要包括发动机下部、变速器、球笼式等速万向节、车架、悬架、转向器、制动器、车轮、前桥、后桥、排气系统、燃油箱等,车辆底部如图5-1所示,行李舱内部主要安装有备胎、随车工具、三角警示牌。后部灯光包括示廓灯、牌照灯、转向灯、倒车灯、制动灯、雾灯。

图5-1　车辆底部

一、汽车底部

1. 发动机底部

从车辆底部所看到的发动机部分主要是油底壳,其作用是储存发动机机油,常见的材料有铁质和铝合金两种,铁质油底壳如图5-2a)所示,铝合金油底壳如图5-2b)所示。

2. 变速器

按变速器操作方式可分为手动变速器(英文缩写MT)和自动变速器(英文缩写AT),手动变速器如图5-3a)所示,自动变速器如图5-3b)所示。

 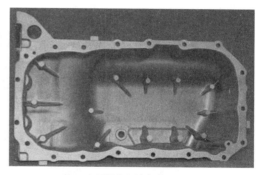

a)铁质油底壳　　　　　　　　　　　　　b)铝合金油底壳

图 5-2　油底壳

a)手动变速器

b)自动变速器

图 5-3　变速器

3. 球笼式等速万向节

前轮驱动的车辆大多装配球笼式等速万向节,内球笼与变速器中的差速器内半轴相连接,外球笼分别与左、右驱动轮的轮轴相连接,球笼式等速万向节如图 5-4 所示。

4. 车架

大部分轿车没有专门的车架,而是由车身来承担车架的作用,所有的载荷均由车身来承受,这种整体式车身也称为承载式车身,承载式车身结构如图 5-5 所示。

图 5-4　球笼式等速万向节

图 5-5　承载式车身结构

5. 悬架

汽车悬架是车架与车桥之间一切传力连接装置的统称，一般有弹性元件、导向装置、减振器和横向稳定杆组成，分为前悬架和后悬架，前悬架如图 5-6a) 所示，后悬架如图 5-6b) 所示。

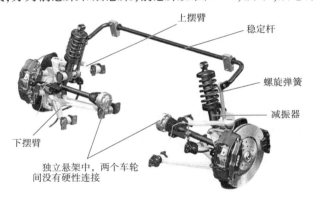

a) 前悬架

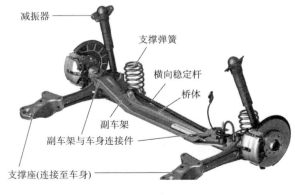

b) 后悬架

图 5-6　悬架

6. 转向器

汽车转向器又名转向机、方向机，它是汽车转向系中最重要的部件。它的作用是增大转向盘传递给转向传动机构的力和改变力的传递方向。轿车常见的是齿轮齿条式转向器，齿轮齿条式转向器如图5-7所示。

图5-7 齿轮齿条式转向器

7. 制动器

汽车制动器是指产生阻碍车辆运动或运动趋势的力(制动力)的部件，其中也包括辅助制动系统中的缓速制动装置。传统汽车上有两套制动装置，一套是行车制动装置，一套是驻车制动装置。行车制动装置可分为盘式制动器和鼓式制动器两种，汽车制动系统结构示意图如图5-8所示。

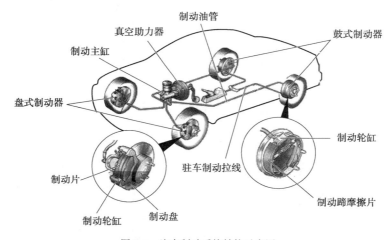

图5-8 汽车制动系统结构示意图

8. 车轮

轮胎是汽车的重要行驶部件之一，车轮包括轮胎和轮辋(钢圈)两部分，作用是它直接与路面接触和汽车悬架共同来缓和汽车行驶时所受到的冲击，保证汽车有良好的乘坐舒适性和行驶平顺性，保证车轮和路面有良好的附着性，提高汽车的牵引性、制动性和通过性，承受着整车及乘员的质量。车轮如图5-9所示。

9. 前桥

前桥是传递车架与前轮之间各向作用力及其所产生的弯矩和转矩的装置。前桥(转向驱动桥)如图5-10所示。

10. 后桥

如果是前桥驱动的车辆，那么后桥就仅仅是随动桥

图5-9 车轮

而已,只起到承载的作用。如果前桥不是驱动桥,那么后桥就是驱动桥,这时候除了承载作用外还起到驱动、减速、差速的作用。后桥(支撑桥)如图5-11a)所示,后桥(驱动支撑桥)如图5-11b)所示。

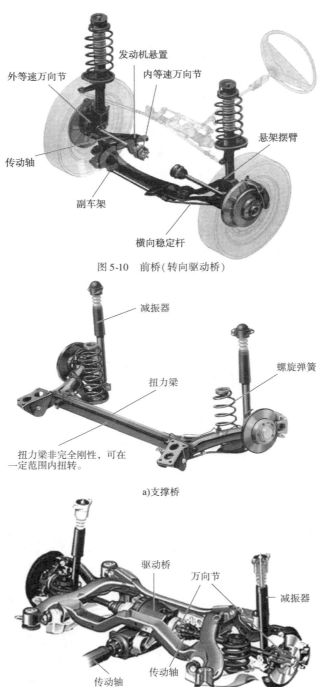

图5-10　前桥(转向驱动桥)

a)支撑桥

b)驱动支撑桥

图5-11　后桥

11. 排气系统

汽车排气系统是指收集并且排放废气的系统,一般由排气歧管、排气管、催化转换器、排气温度传感器、汽车消声器和排气尾管等组成,排气系统如图5-12所示。

图5-12 排气系统

12. 燃油箱

汽车燃油箱是汽车油箱的全称。汽车燃油箱按材料分为铁油箱和铝合金油箱,如图5-13所示。

图5-13 汽车燃油箱

二、车辆后部

(一)行李舱

1. 备胎

汽车的备用轮胎,一般安装在行李舱衬垫下方,一旦某个轮子爆胎或者出了问题,备用轮胎就方便及时地取而代之,汽车就不至于中途抛锚,备胎如图5-14所示。

图5-14 备胎

2. 随车工具

随车工具主要有剪刀式千斤顶、螺丝刀、轮胎扳手、拖车钩,一般跟备胎安装在一起,随车工具如图 5-15 所示。

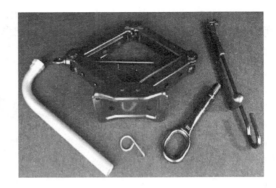

图 5-15 随车工具

3. 三角警示牌

三角警示牌,也叫作三角警告牌。汽车三角警告牌是由塑料反光材料做成的被动反光体,驾驶人在路上遇到突发故障停车检修或者是发生意外事故的时候,利用三角警示牌的回复反光性能,摆放在车后位置,可以提醒其他车辆注意避让,以免发生二次事故。三角警示牌安装位置如图 5-16a) 所示,三角警示牌摆放位置如图 5-16b) 所示。

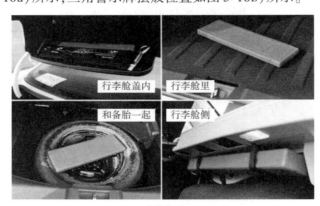

a)安装位置

b)摆放位置

图 5-16 三角警示牌

(二) 后部灯具

汽车后部灯,为保证安全行车而安装在汽车上的各种灯光,左、右后尾灯灯光包括示位灯、牌照灯、转向灯、制动灯、雾灯,后部灯光位置图如图 5-17 所示。

1. 示位灯

示位灯又称"示宽灯""位置灯""小灯",安装在汽车前面、后面和侧面,夜间行驶打开前照灯时,示位灯、仪表照明灯和牌照灯同时发亮,以标志车辆的形位等。颜色为白色或黄色。后位灯俗称"尾灯",光色为红色;侧位灯光色为琥珀色。

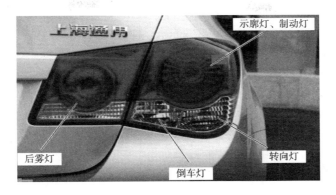

图 5-17　后部灯光位置图

2．牌照灯

牌照灯装在汽车尾部牌照上方,其用途是照亮车辆后牌照板。其要求是夜间在车后20m处能看清牌照上的号码,灯光为白色。

3．转向灯

转向灯为琥珀色,在转变、变道时开启,提醒后车和两侧车辆注意本车的转向动作。

4．倒车灯

当驾驶人挂倒挡的时候自动开启,是类似于白色的透明灯,主要作用是提示后面行人、障碍物和倒车时照明用。

5．制动灯

制动是红色,主要分为左右制动灯和高位制动灯,当前方有障碍物的时候,只要驾驶人踩下制动踏板,后面的三个制动灯就都会亮起来,以防止追尾事故的发生。

6．雾灯

雾灯为黄颜色,分为前雾灯和后雾灯,主要用于雨天、雾天时开启。因为雨雾天能见度比较低,所以用黄颜色的雾灯,穿透力比较强,可以提醒别人早点发现自己的车辆。

习　题

一、填空题

1．行李舱内部主要安装有_____、_____、_____。

2．制动器可分为_____制动器和_____制动器两种。

3．车轮包括_____和_____两部分。

4．前桥是_____的装置。

5．轿车后桥有_____和_____两种。

6．汽车排气系统是指_____系统。

7．汽车燃油箱按材料分为_____和_____。

二、名词解释

请写出下面关于后尾灯灯光名称、位置、颜色及作用。例如倒车灯：当车主挂倒挡的时候自动开启，是类似于白色的透明灯，主要起到提示后面行人、障碍物和倒车时照明用。

1. 示廓灯
2. 牌照灯
3. 转向灯
4. 制动灯
5. 雾灯

三、简答题

1. 三角警示牌的作用是什么？

2. 轮胎的作用是什么？

项目六　汽车基本组成认知

学习目标

完成本项目学习后，你应能：
1. 准确说出汽车主要组成系统及其作用；
2. 准确说出各组成系统的主要部件及其位置关系。

建议学时
2 学时。

汽车一般由发动机、底盘、车身、电气设备四个基本部分组成，如图 6-1 所示为汽车基本结构图。

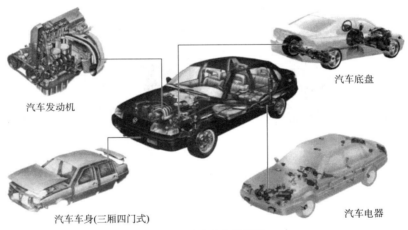

汽车发动机　　汽车底盘　　汽车车身(三厢四门式)　　汽车电器

图 6-1　汽车基本结构图

一、发动机

发动机是汽车的动力装置，主要由曲柄连杆机构和配气机构(两大机构)、燃料供给系统、冷却系统、润滑系统、点火系统、起动系统(五大系统)组成。

1. 曲柄连杆机构

曲柄连杆机构的作用是提供燃烧场所，把燃料燃烧后产生的气体作用在活塞顶上，进而将膨胀压力转变为曲轴旋转的转矩，不断输出动力。曲柄连杆机构由机体组、活塞连杆组、曲轴飞轮组三部分组成，如图 6-2 所示，其中 a) 为机体组，b) 为活塞连杆与曲轴飞轮组。

2. 配气机构

配气机构是按照发动机每个汽缸内所进行的工作循环和点火顺序的要求，定时开启和关闭各气缸的进、排气门,使新鲜的可燃混合气得以及时进入汽缸,废气得以及时从气缸排出,在压缩与做功行程中,关闭气门保证燃烧室的密封。配气机构如图6-3所示。

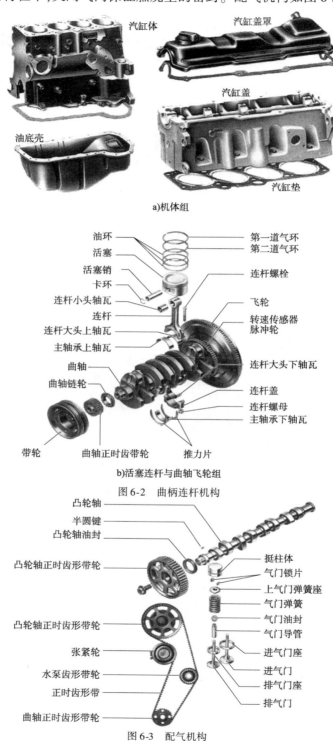

a) 机体组

b) 活塞连杆与曲轴飞轮组

图6-2 曲柄连杆机构

图6-3 配气机构

3. 燃料供给系统

汽油机燃料供给系统的作用是将汽油经过雾化和蒸发(汽化)并和空气按一定比例均匀混合成可燃混合气,再根据发动机各种不同工况的要求,向发动机汽缸内供给不同质(即不同浓度)和不同量的可燃混合气,以便在临近压缩终了时点火燃烧而放出热量燃气膨胀做功,最后将汽缸内废气排至大气中,如图6-4所示为燃油供给系统结构图。

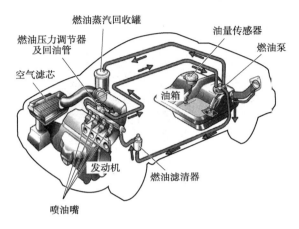

图6-4 燃油供给系统结构

4. 冷却系统

冷却系统的作用是适时将受热零件的部分热量及时散发出去,以保证发动机在最适宜的温度状态下工作。现在轿车发动机大多采用水冷式,图6-5所示为冷却系统结构图。

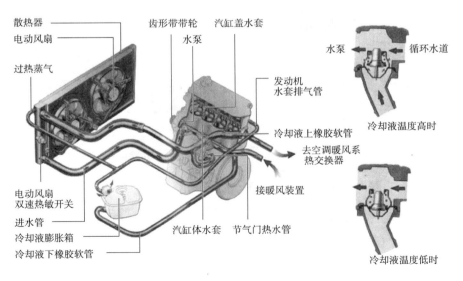

图6-5 冷却系统结构图

5. 润滑系统

润滑系统的功用就是在发动机工作时连续不断地把足够量、温度适宜的洁净机油输送到全部传动件的摩擦表面,并在摩擦表面之间形成油膜,从而减小摩擦阻力、降低功率消耗、减轻机件磨损,以达到提高发动机工作可靠性和耐久性的目的。图 6-6 所示为润滑系统结构图。

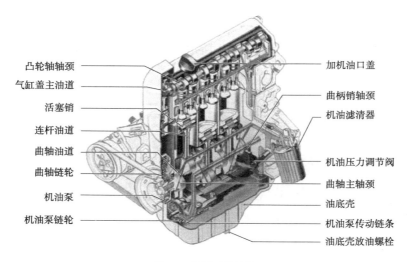

图 6-6　润滑系统结构

6. 点火系统

点火系统的功用是按汽缸点火次序定时地向火花塞提供足够能量的高压电,使火花塞电极间产生火花,从而点燃汽缸内被压缩的可燃混合气。图 6-7 所示为点火系统结构图。

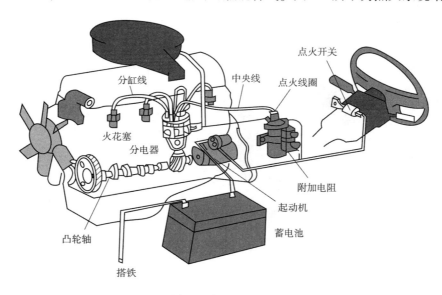

图 6-7　点火系统结构

7. 起动系统

起动系统的功用是通过起动机将蓄电池的电能转换成机械能,起动发动机运转。起动系统由蓄电池、点火开关、起动继电器、起动机等组成。如图 6-8 所示为起动机在发动机上的安装结构图。

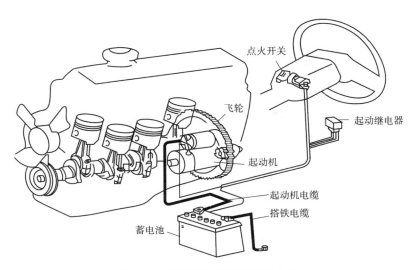

图 6-8　起动机在发动机上的安装结构

二、底盘

底盘作用是支承、安装汽车发动机及其各部件总称,形成汽车的整体造型,并接收发动机的动力,使汽车运动,保证正常行驶。底盘由传动系统、行驶系统、转向系统和制动系统四部分组成。

1. 传动系统

传动系统的基本功用是将发动机发出的动力传给汽车的驱动车轮,产生驱动力,使汽车能在一定速度上行驶。传动系统一般由离合器、变速器、万向传动装置、主减速器、差速器和半轴等组成,如图 6-9 所示为传动系统结构图。

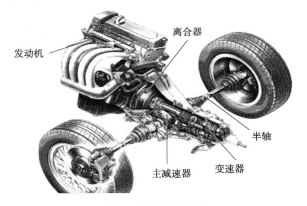

图 6-9　传动系统结构

2. 行驶系统

行驶系统的作用有:接收发动机经传动系统传来的转矩,并通过驱动轮与路面间附着作用,产生汽车牵引力,保证汽车正常行驶;尽可能缓和不平路面对车身造成的冲击和振动,保证汽车行驶的平顺性;与汽车转向系统相配合,不对汽车转向带来影响,保证汽车的操纵稳定性。行驶系统主要由车架、车桥、悬架和车轮组成,如图 6-10 所示。

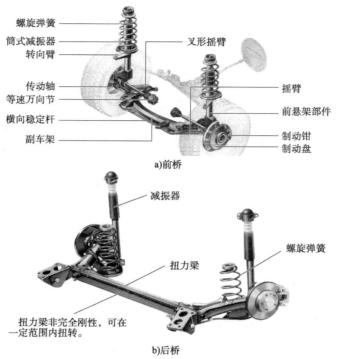

a) 前桥

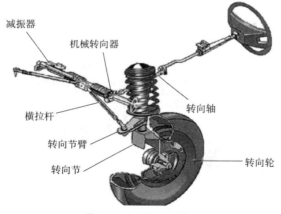

b) 后桥

图 6-10 行驶系统

3. 转向系统

转向系统的作用是通过汽车驾驶人的操作,改变汽车行驶的方向。转向系统可按转向动力源的不同分为机械转向系和动力转向系两大类。机械转向系统由转向操纵机构、转向器和转向传动机构三大部分组成,如图 6-11 所示。

图 6-11 机械行驶系统

4. 制动系统

制动系统的作用有:使行驶中的汽车按照驾驶人的要求进行强制减速甚至停车;使已停驶的汽车在各种道路条件下(包括在坡道上)稳定驻车;使下坡行驶的汽车速度保持稳定。其主要由供能装置、控制装置、传动装置和制动器四部分组成。图 6-12 所示为制动系统结构示意图。

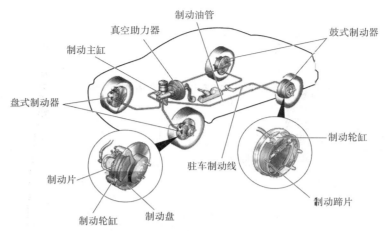

图 6-12　制动系统结构示意图

三、车身

车身安装在底盘的车架上,用以供驾驶员与旅客乘坐,或者装载货物。轿车的车身一般是整体结构,货车车身一般是由驾驶室和货箱两部分组成。按照车身受力情况可分为非承载式车身和承载式车身两种。非承载式车身如图 6-13a)所示,承载式车身如图 6-13b)所示。

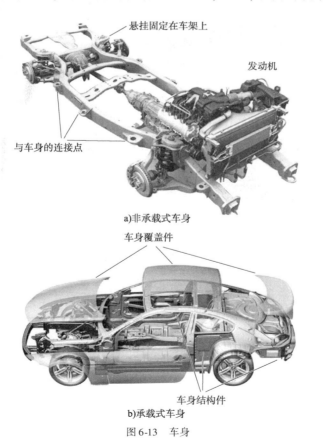

a) 非承载式车身

b) 承载式车身

图 6-13　车身

四、电气设备

汽车电气设备的主要组成部分有电源系统、起动系统、点火系统、照明系统、信号系统、仪表系统、辅助电器系统。图 6-14 所示为汽车电路结构示教板。

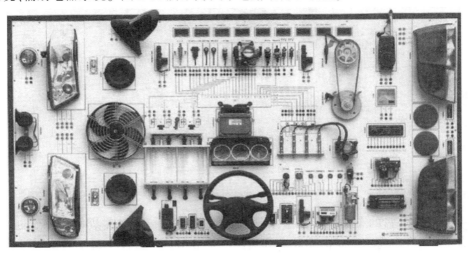

图 6-14　汽车电路结构示教板

习　题

一、填空题

1. 汽车一般由_____、_____、_____、_____四个基本部分组成。
2. 发动机主要由两大机构、五大系统组成,分别是_____机构和配气机构,_____、_____、_____、_____、_____五个系统。
3. 曲柄连杆机构由_____、_____、_____三部分组成。
4. 底盘由_____、_____、_____、_____四部分组成。
5. 传动系统一般由_____、_____、万向传动装置、_____、_____等组成。
6. 制动系主要由_____、_____、_____和制动器四部分组成。
7. 车身按受力情况可分为_____车身和_____车身两种。

二、简答题

1. 汽油机燃料供给系的作用是什么?

2. 配气机构的作用是什么?

3. 润滑系统的功用是什么?

4. 汽车电气设备主要组成部分有哪些?

项目七 汽车技术参数及配置认知

学习目标

完成本项目学习后,你应能:
1. 正确说出车身参数配置所包含的内容及其标准;
2. 简单叙述发动机参数配置的含义;
3. 简单说出变速器参数配置相关的名词含义;
4. 简单说出不同品牌、车型的配置差异。

建议学时
2学时。

汽车作为一种现代交通工具,已与人们的生活密不可分。每款车型都有基本的技术参数、配置,这些参数、配置包括车身参数配置、发动机参数配置、变速器参数配置等。

一、技术参数

车身参数配置包括如下方面。

1. 长×宽×高

长宽高是一辆汽车的外形尺寸,通常使用的单位是毫米(mm)。车身长度为汽车长度方向两个极端点间的距离,即从车前保险杠最凸出位置起,到车后保险杠最凸出位置止的距离,如图7-1所示。

车身宽度为汽车宽度方向两个极端点间的距离,也就是车身左、右最凸出位置之间的距离。根据业界通用的规则,车身宽度不包含左、右后视镜伸出的宽度,即最凸出位置应在后视镜折叠后选取,如图7-2所示。

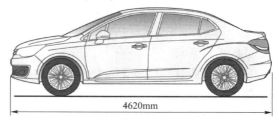

图7-1 车身长度

车身高度为从地面算起,到汽车最高点的距离。汽车最高点是指车身顶部最高的位置,但不包括车顶天线的长度,如图7-3所示。

2. 轴距

汽车的轴距是同侧相邻前后两个车轮的中心点间的距离,即从前轮中心点到后轮中心点之间的距离,单位为毫米(mm),如图7-4所示。

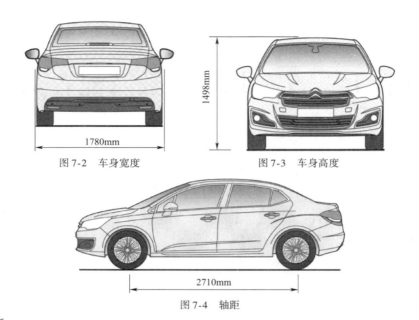

图7-2　车身宽度　　　　　图7-3　车身高度

图7-4　轴距

3. 轮距

轮距分为前轮距和后轮距,而轮距即左、右车轮中心间的距离,单位为毫米(mm),如图7-5所示。

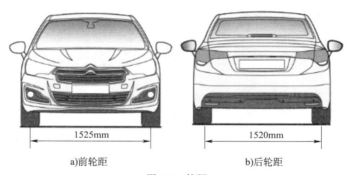

a)前轮距　　　　　　　b)后轮距

图7-5　轮距

4. 风阻系数

风阻系数就是用一个系数值来描述汽车面对的空气阻力。风阻系数可以通过风洞测试所得,如图7-6所示。风阻系数越大说明汽车行驶时受到的空气阻力越大,反之则越小。一般车辆的风阻系数为0.25~0.4。

5. 最小转弯直径

转弯直径是指外转向轮的轨迹圆直径,它是指汽车的外转向轮的中心平面在车辆支承平面(一般就是地面)上的轨迹圆直径,即汽车前轮处于最大转角状态行驶时,汽车前轴离转向中心最远车轮胎面中心在地面上形成的轨迹圆直径,单位通常为米(m)。最小转弯直径是表明汽车转弯性能灵活与否的参数。由于转向轮的左右极限转角一般不同,因此有左转弯直径和右转弯直径之分。将车辆转向盘向某个方向打到极限位置,驾驶车辆转一个圈,这个圈的直径就是车辆的最小转弯直径d_{min},如图7-7所示。

图7-6 风洞测试风阻系数

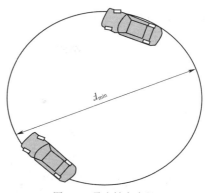
图7-7 最小转弯直径

6. 接近角

接近角是指在汽车满载静止时，汽车前端凸出点向前轮所引切线与地面的夹角，即水平面与切于前轮轮胎外缘（静载）的平面之间的最大夹角，单位为度(°)，如图7-8所示。

7. 离去角

离去角是指汽车满载静止时，自车身后端突出点向后车轮引切线与路面之间的夹角，即是水平面与切于车辆最后车轮轮胎外缘（静载）的平面之间的最大夹角，单位为度(°)，如图7-8所示。

8. 通过角

通过角指的是指汽车空载、静止时，分别通过前、后车轮外缘做切线交于车体下部较低部位所形成的夹角，单位为度(°)，如图7-8所示。

图7-8 接近角、离去角、通过角

9. 空车质量

空车质量指的是汽车按出厂技术条件装备完整（如备胎、工具等安装齐备）、各种油液添满后的质量，单位为千克(kg)。

10. 整备质量

整备质量指的是汽车在正常条件下行驶时，包括的载人（包括驾驶人）、载物时允许的总质量，单位为千克(kg)。

11. 前后配重

前后配重指的是车身前轴与车身后轴各自所承担质量的比。

12. 最大涉水深度

最大涉水深度指的是汽车所能通过的最深水域，也称为安全深度，单位为毫米(mm)。

13. 爬坡度角

爬坡度角是指汽车满载时,在良好路面上用 1 挡行驶的条件下,汽车所能克服的最大坡度角,它表征汽车的爬坡能力。

14. 车门数

车门数指的是汽车车身上(含行李舱门在内)的总门数。

15. 座位数

座位数是指汽车内(包括驾驶位在内)的所有座位数。一般轿车为五座:前排座椅是两个独立的座椅,后排座椅一般是长条座椅,如图 7-9 所示。

图 7-9　座位

二、参数配置

(一) 发动机参数配置

1. 汽缸排列形式

汽车发动机一般都由多个圆筒状的汽缸组成,每个汽缸可以独立工作。汽车工作时,可将各个汽缸的合力组合在一起,共同驱动汽车前进。这些多个汽缸可以不同形式组合,从而产生出不同形式的发动机。最常见的有直列发动机(图 7-10)、V 形发动机(图 7-11)、W 形发动机(图 7-12)。

图 7-10　直列发动机　　　　　　图 7-11　V 形发动机

2. 汽缸数

汽车发动机常用缸数有 3、4（图 7-13）、5、6、8、10、12 缸。排量 1L 以下的发动机常用 3 缸，1~2.5L 一般为 4 缸发动机，3L 左右的发动机一般为 6 缸，4L 左右为 8 缸，5.5L 以上用 12 缸发动机。

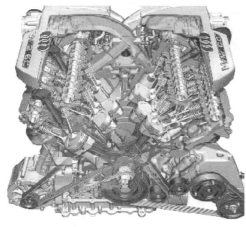

图 7-12　W 形发动机　　　　　　　　图 7-13　4 缸发动机

3. 每缸气门数

每缸气门数是指发动机每个汽缸所拥有的气门数（包括进气门和排气门），可分为两气门、三气门、四气门（图 7-14）和五气门。

4. 发动机排量

活塞从上止点移动到下止点所通过的空间容积称为汽缸排量。如果发动机有若干个汽缸，所有汽缸工作容积之和称为发动机排量。一般发动机排量标识在车身尾部（图 7-15），通过车辆铭牌（图 7-16）或车辆使用手册也可以找到发送机排量数据。

图 7-14　每缸四气门发动机　　　　　　图 7-15　发动机排量尾部标识

5. 最大功率

功率是指物体在单位时间内所做的功。功率越大，转速越高，汽车的最高速度也越高，常用最大功率来描述汽车的动力性能。最大功率一般用公制马力（PS）或千瓦（kW）来表示，1PS 等于 0.735kW，可通过发动机铭牌或车辆使用手册查找。

图 7-16　车辆铭牌

6. 最大扭矩

扭矩是发动机性能的一个重要参数,扭矩越大,发动机输出的"劲"越大,最大扭矩表示发动机能输出的最大"劲",可通过发动机铭牌或车辆使用手册查找。

(二)变速器参数配置

1. 变速器类型

变速器类型通常以挡位数+变速器形式来说明:如6挡手动(6MT),指有6个挡位的手动变速器;8挡手自一体,指拥有8个挡位且能实现手动换挡功能的自动变速器;8挡CVT手自一体,指能模拟8个挡位的无级变速器;5挡AMT,指有5个挡位的机械式自动变速器等。变速器类型可通过车辆使用手册查阅。

2. 挡位数

挡位数指的是汽车前进挡的个数,可以通过车辆使用手册查阅。

三、配置差异

同价位的不同品牌在技术参数、发动机参数、变数器参数等方面会有一定的差异。每款车型根据价格差异化又分为高中低等配置。一般高中低配车的技术参数、发动机参数、变数器参数等相同,差异是装饰等影响舒适度的内部装修配置不同。如高配车配备座椅加热、记忆座椅、电动天窗、自动空调、ABS+EBD、GPS、倒车影像、氙气前照灯、安全气囊等;中配车配备电动天窗、ABS+EBD、天窗、倒车雷达、安全气囊等;低配车配备安全气囊、ABS等。

习 题

一、填空题

1. 风阻系数_____说明汽车行驶时受到的空气阻力越大,反之则越小。一般车辆的风阻系数为_____。

2. 空车质量指的是_____(如备胎、工具等安装齐备),各种_____添满后的质量。

3. 允许总质量指的是汽车在正常条件下准备行驶时,包括的_____、_____时允许的总质量。

4. 前后配重指的是汽车_____与_____各自所承担质量的比。

5. 最大涉水深度指的是汽车所能通过的_____。

6. 爬坡度角是指汽车_____时,在良好路面上用_____挡行驶的条件下,所能克服的最大坡度角。

7. 车门数指的是汽车车身上(含_____在内)的总门数。

8. 汽车发动机一般都由多个圆筒状的_____组成,每个汽缸可以独立工作。汽车工作时,可将各个汽缸的合力组合在一起,共同_____汽车前进。

9. 汽车发动机常用缸数有_____、_____、_____、_____、_____、_____、_____缸。

10. 每缸气门数是指发动机每个汽缸所拥有的_____(包括进气门和排气门),可分为_____气门、_____气门、_____气门和_____气门。

11. 一般发动机排量标识在车身的_____,通过_____或车辆使用使用手册也可以找到发送机排量。

12. 最大功率一般用公制_____(PS)或_____(kW)来表示,1PS 等于_____kW。

13. 最大扭矩表示发动机能输出的最大"_____"。

14. 6 挡手动变速器:拥有_____个挡的变速器;8 挡手自一体变速器:拥有_____个挡位且能实现_____换挡功能的自动变速器。

15. 挡位数指的是汽车_____的个数。

二、名词解释

1. 发动机的排量

2. 发动机最大功率

3. 发动机最大扭矩

项目八　汽车常见开启部件认知

学习目标

完成本项目学习后，你应能：
1. 准确说出车辆开启件名称；
2. 说明车辆开启件的开启方法。

建议学时
2学时。

在汽车日常使用和检查维修中，一些开关、按键和拉手会被频繁使用到，以实现打开、关闭或控制某个元器件，如用遥控器开闭车门、用开关控制玻璃升降等。这些被开启和关闭的部件，通常称之为开启件。使用频率较高的开启件有车门、车窗、行李舱、油箱盖、发动机舱盖、天窗等。

一、车门

车门如图8-1所示。除少量小型轿车、跑车仅配两道车门外，大多数轿车会配置四道车门。出于行车时安全及驻车时防盗等因素的考虑，车门往往需要解锁后才能打开。不同车型采用的解锁方式不尽相同，常见的有遥控器解锁、钥匙解锁、免钥匙解锁。

图8-1　车门

1. 遥控器解锁

如图8-2所示，按一下电子钥匙上的解锁按钮可将所有车门解锁。

2. 钥匙解锁

将钥匙插入驾驶人一侧车门锁内并转动可以解锁所有车门。

3. 免钥匙解锁

如图8-3所示，当电子钥匙随身携带在指定区域时，将手放在门把手后面可解锁车辆。

在车门解锁后，拉动车外门把手或车门内手柄即可打开车门，如图8-4所示。值得注意的是，当车门关闭不严时，仪表闭门指示灯闪烁，提醒重新关闭车门。另外，当乘客侧车门内侧的童锁键被按下时，从车内不能打开车门，以防止行车中儿童因触碰打开车门而发生意外。

项目八　汽车常见开启部件认知

图 8-2　遥控器解锁

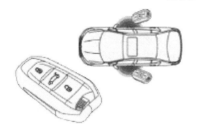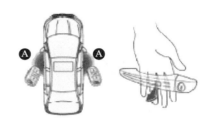

图 8-3　免钥匙解锁

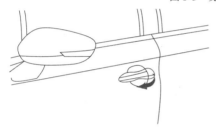

a)车外门把手　　　　　　　　　　　b)车门内手柄

图 8-4　车门开关

二、发动机舱盖

发动机舱盖又称引擎盖或发动机罩,如图 8-5 所示,用以遮蔽发动机舱。当检查发动机及其相关部件时,需打开发动机舱盖。

发动机舱盖的开启一般按以下三步进行。

(1) 开启驾驶人侧车门后,拉动车门框下方的发动机舱盖开启手柄 A,如图 8-6 所示。

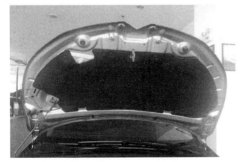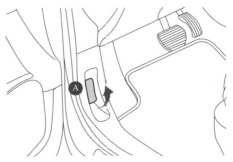

图 8-5　发动机舱盖　　　　　　　　图 8-6　发动机舱盖开启手柄

（2）提起发动机舱盖中部标识下的安全钩手柄B，向上掀开发动机舱盖，如图8-7所示。

（3）从发动机舱盖背面的卡槽中松开撑杆C，将撑杆固定于槽口内，用以保持发动机的开启状态，如图8-8所示。有的发动机舱盖配自动撑杆，则当掀起发动机舱盖时，撑杆自动支撑发动机舱盖。

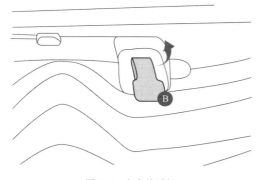

图8-7 安全钩手柄

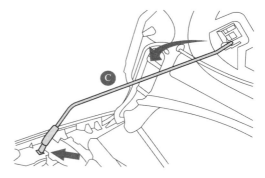

图8-8 发动机舱盖撑杆

三、车窗玻璃

车窗玻璃如图8-9所示。为便于通风，车窗设计成活动式的，可通过手柄或按键控制车窗玻璃升降。

以雪铁龙系列车辆为例，车窗玻璃为电动按键控制式，如图8-10所示。其中，各玻璃按键功能见表8-1。接通点火开关后，驾驶人一侧车门上的控制键可控制4个车窗玻璃电动升降，轻按或轻拉控制键，车窗玻璃降下或升起，松开按键时，车窗玻璃停止运动。

图8-9 车窗玻璃

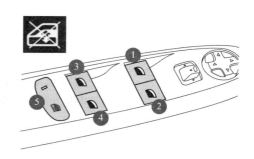

图8-10 玻璃升降控制按键

玻璃按键功能表　　　　表8-1

代　号	名　　称
①	左前车窗玻璃电动升降控制键
②	右前车窗玻璃电动升降控制键
③	右前车窗玻璃电动升降控制键
④	右后车窗玻璃电动升降控制键
⑤	后座电动车窗停用开

四、天窗

天窗如图 8-11 所示。为增强驾乘舒适性和选择性,部分车辆配有天窗。天窗具有翘起打开和滑动打开两种开启方式,如图 8-12 所示。

图 8-11　天窗

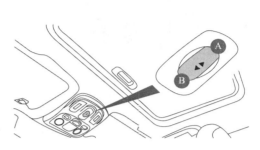

图 8-12　天窗开启键

1. 滑动打开天窗

按下 A 键不超过阻力点,当松开开关时天窗停止滑动;按下 A 键超过阻力点,天窗完全滑动打开。

2. 翘起开启天窗

按下 B 键不超过阻力点,当松开开关时天窗停止运动;按下 B 键超过阻力点,天窗完全翘起开启。

3. 油箱盖

油箱盖如图 8-13 所示,在加注燃油时需打开此盖。按下位于驾驶座椅前的仪表板上的油箱盖开启键,加油口盖即可弹开,如图 8-14 所示。

图 8-13　油箱盖

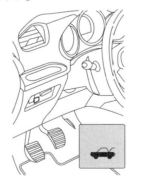

图 8-14　油箱盖开启键

4. 行李舱盖

行李舱盖,如图 8-15 所示。行李舱位于汽车尾部,用于收储行李、随车工具等物件。按下位于仪表板左侧的行李舱开启按钮(图 8-16)2s,行李舱盖就会微微弹开;或按下遥控器中间的按键 2s,车辆解锁并且行李舱盖微微弹开。

图 8-15 行李舱盖

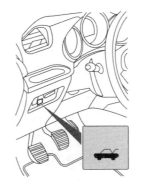
图 8-16 行李箱盖开启按钮

多数开启件在打开后用手按压或推拉即可复位关闭某一部件。随着车辆控制技术的不断改进，电控智能开启某一部件的情况越来越多，如车窗玻璃由手摇控制变成电动控制；车门由钥匙开锁变成智能感应等，这些改进办法，在很大程度上增强了汽车使用的方便性、安全性。

习 题

一、填空题

1. 车辆在日常使用中开启频率较高的部件有_____、车窗、_____、油箱盖、发动机舱盖、_____等。

2. 不同车型采用的解锁方式不尽相同，常见的有_____解锁、_____解锁和_____解锁。

3. _____又称引擎盖或发动机罩，用以遮蔽_____。

4. _____具有_____打开和_____打开两种开启方式。

5. 行李舱盖的开启方式，一种是按下位于仪表板_____的行李舱开启按钮，一种是按下遥控器_____的按键。

二、简答题

1. 在开启车辆开启件时，应注意哪些方面？

2. 开启哪些汽车常见开启件时，仪表板上会显示相应的信息？

项目九　汽车挡位认知

学习目标

完成本项目学习后,你应能:
1. 明确挡位布置位置;
2. 正确说出手动挡车型的换挡方法;
3. 简述自动挡车辆的挡位使用场合;
4. 明确自动挡字母所对应的挡位;
5. 正确说出挡位使用注意事项。

建议学时

2学时。

汽车按挡位类型划分,比较典型的是手动挡和自动挡车型。手动挡车型需要通过手动拨动挡杆来变换挡位,自动挡车型则由车载电脑(ECU)自动完成换挡,手动挡车型和自动挡车型在挡杆和变速器结构上都有很大差异。手动挡车型和自动挡车型的换挡杆如图9-1、图9-2所示。

图9-1　手动挡车型换挡杆

挡杆位置,即变速器换挡杆的放置位置。汽车的挡杆位置一般分为地排和怀排两种。地排如图9-3所示,变速器换挡杆位于驾驶人右手一侧的地板上(转向盘右置的车型位于驾驶人左手一侧的地板上)。怀排如图9-4所示,变速换挡杆位于转向盘下侧、转向柱右侧(转向盘右置的车型位于转向柱左侧)。

一、手动挡

手动挡车型的挡位由4~6个前进挡及空挡和倒挡组成,驾驶人员驾驶手动挡车型时,需要根据驾驶经验踩下离合器(车辆在运行过程中若不踩下离合器则无法变换挡位,强行操作会损坏车辆)后,按挡杆头部所标识的挡位方向操作换挡杆完成换挡。不同品牌的车型挡位布置会有所差异,但操作方法大同小异。以图9-1右侧的挡杆方式为例,换挡方法如下。

图 9-2 自动挡车型换挡杆

图 9-3 地排　　　　　　　　　　　图 9-4 怀排

1. 确认空挡

试着左右摆动挡杆,如果能摆动则说明挡位处于空挡位置,如图9-5所示。

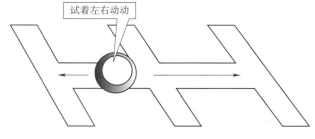

图 9-5 空挡确认

2. 挂 1 挡

将挡杆向左推,到左端后向上推即可挂上 1 挡,如图 9-6 所示。

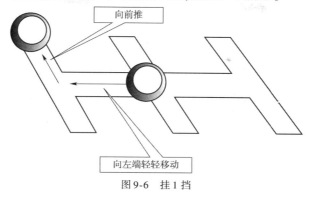

图 9-6 挂 1 挡

3. 1 挡换 2 挡

将换挡杆由 1 挡位置向下拉动到空挡,接着靠左端往下拉即可挂入 2 挡,如图 9-7 所示。

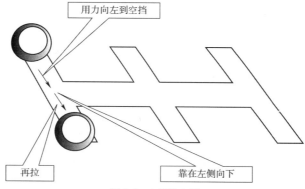

图 9-7 1 挡换 2 挡

4. 2 挡换 3 挡

将换挡杆向前推后,挡位会自动回到空挡,处于中间位置时往上推即可挂入 3 挡,如图 9-8 所示。

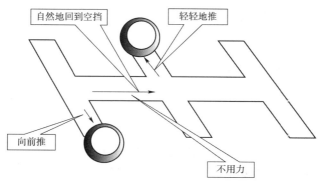

图 9-8 2 挡换 3 挡

5. 3 挡换 4 挡

将换挡杆沿着 3 挡所在的直线方向往下拉,即可由 3 挡进入 4 挡,如图 9-9 所示。

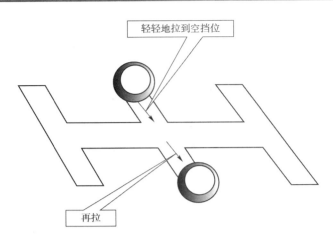

图 9-9　3 挡换 4 挡

6. 4 挡换 5 挡

向上推换挡杆使挡位从 4 挡进入空挡,接着往右推动挡杆使换挡杆处于空挡位置右端,然后往上推即可挂入 5 挡,如图 9-10 所示。

7. 挂倒挡

只有在车辆停止时才可以挂入倒挡。将换挡杆由任意挡挂到空挡位置后往右推,然后往下拉即可挂入倒挡,如图 9-11 所示。

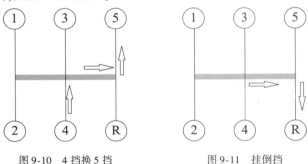

图 9-10　4 挡换 5 挡　　　　　图 9-11　挂倒挡

手动挡车型从高挡挂入低挡时,需踩下离合器后,将换挡杆延升挡时的路线返回即可。

二、自动挡

不同品牌的车型的挡位会有所差异,有的车型由 P 挡、R 挡、N 挡、D 挡、三挡、二挡、一挡组成(图 9-2 左图);有的车型由 P 挡、R 挡、N 挡、D 挡、M 挡组成(图 9-2 右图)。以第二种车型为例,各挡的使用情况如下。

P 挡为驻车挡,如图 9-12 所示。在驻车时应将变速杆换至 P 挡,防止车辆在停车时溜车。在 P 挡时驱动轮被锁止。驻车时,应注意换挡杆所处挡位是否正确并有效拉紧驻车制动器。

R 挡为倒车挡,只有在车辆停稳后并踩下制动踏板时,才可将挡位换至倒挡。

N 挡为空挡,可在起动时或拖车和暂时停车时(如红灯),用此挡位。

D 挡为自动前进挡,如图 9-13 所示。将换挡杆放置于 D 挡上时,驾车者通过操作加速踏板及制动踏板控制车速大小。

项目九　汽车挡位认知

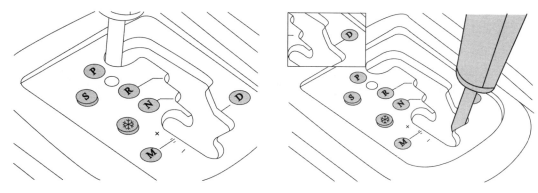

图 9-12　P 挡　　　　　　　　　　　图 9-13　D 挡

M 挡为手动前进挡,如图 9-14 所示。换挡杆处于 M 位置时,驾驶人可手动操纵变换挡位。若要换到高挡,则将换挡杆向"+"方推一下,要换到低挡,则将换挡杆向"-"方向推一下,只有在车速和发动机转速都适合的情况下才可由一个挡位变换到其他挡位。

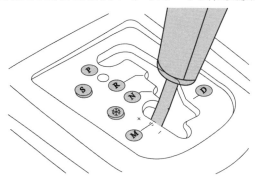

图 9-14　M 挡

正确、合理地使用车辆挡位,可以提高车辆使用的经济性,延长汽车的使用寿命,且与乘车人员的安全息息相关。

习　题

一、填空题

1. 汽车按挡位类型划分,比较典型的是_____和_____车型。
2. 汽车的换挡杆位置一般分为_____和_____两种。
3. 手动挡车型的挡位由_____个前进挡及_____挡和_____挡组成。

二、连线题

将自动挡车辆上的挡位字母和相应的挡位连线。

P　　　　　　　　　空挡
R　　　　　　　　　停车挡
N　　　　　　　　　倒挡
D　　　　　　　　　自动前进挡
M　　　　　　　　　手动前进挡

项目十　驾驶使用相关部件的调整

学习目标

完成本项目学习后,你应能:
1. 正确说出驾驶使用所需要调整的部件;
2. 简述驾驶使用相关部件的调整要求;
3. 简述驾驶使用相关部件调整的相关操作。

建议学时
2学时。

驾驶使用相关部件的调整关系行车安全及驾驶人的身体健康。驾驶使用相关部件包括驾驶座椅、安全带、转向盘、车外后视镜、车内后视镜。

一、驾驶座椅

驾驶座椅是驾驶人载体,是提供驾驶人完成各项驾驶操作的物件,如图10-1所示。

图10-1　驾驶座椅

1. 手动调整驾驶座椅高度

操作手柄可调节座椅的高度至所需位置,如图10-2所示。

2. 电动调整驾驶座椅高度

抬起或降低控制键的前部可以调整坐垫角度(坐垫前端高低位置变化);抬起或降低控制键的后部可以抬起或降低座椅,如图10-3所示。

调整座椅让头部离车顶至少还有一拳的距离。如果座椅调得太高,车辆在颠簸时头部容易碰到车顶,调得太矮了又会影响视线。

3. 手动调整驾驶座椅前后距离

提起调节杆,向前或向后推动座椅调节座椅位置,如图10-4所示。

4. 电动调整驾驶座椅前后距离

将控制键向前或向后移动,可以使座椅向前或向后移动,如图10-5所示。

调整驾驶座椅前后距离保证在脚把制动踏板、离合器踏板和加速踏板踩到底的时候,驾驶人的大腿与小腿之间自然弯曲。

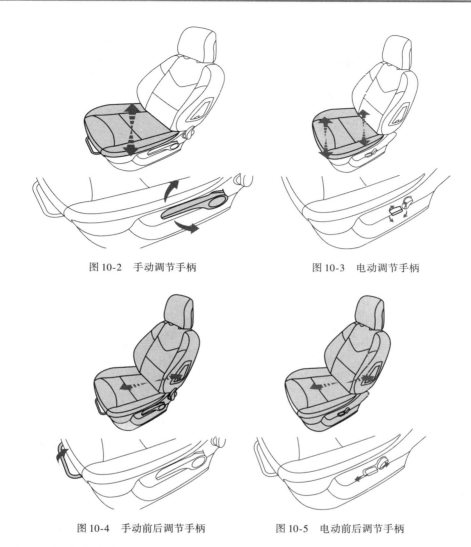

图 10-2　手动调节手柄　　　　图 10-3　电动调节手柄

图 10-4　手动前后调节手柄　　图 10-5　电动前后调节手柄

5. 手动调整靠背角度

一只手拉住操作手柄,一只手推动座椅至所需角度即可完成靠背角度调节,如图 10-6 所示。

6. 电动调整靠背角度

向前或向后推动控制键即可完成靠背角度调整,如图 10-7 所示。调整靠背,以便背部能舒适地靠在座椅的整个高度上。

7. 调整头枕高度

抬高时,向上提。降低时,按压锁止键 A 并同时按压头枕。当头枕上部边缘与头顶在同一个高度时,是合适的调整高度,如图 10-8 所示。

8. 调整枕头角度

向前拉动或向后推动头枕,可以调整头枕角度,如图 10-8 所示。调整头枕高度和角度,使头枕上部尽可能靠近头顶,如图 10-9 所示。

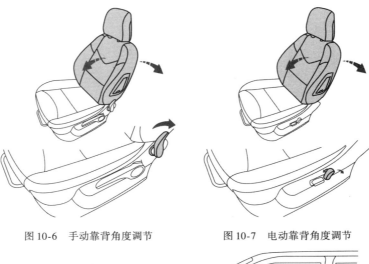

图 10-6　手动靠背角度调节　　　　图 10-7　电动靠背角度调节

图 10-8　头整高度调节　　　　图 10-9　头整角度调整

总之,对驾驶座椅的高度、前后距离、椅背倾斜角度、头枕高度及角度的调整要求,整体以感觉舒适、可操控性强为宜。

二、安全带

安全带是运用在车辆上的安全件,作为汽车发生碰撞过程中保护驾乘人员的基本防护装置,如图 10-10 所示,安全带调整如图 10-11 所示。

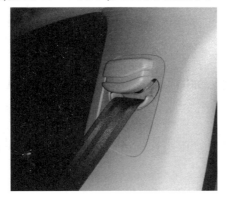

图 10-10　安全带

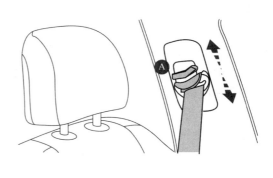

图 10-11　安全带调整

三、转向盘

转向盘是车辆操纵行驶方向的轮状装置,如图10-12所示。

当车辆处于静止状态时,向下推调整手柄B,松开锁止,并使转向盘调整到合适位置,最后把转向盘手柄拉到底,锁紧转向盘,如图10-13所示。

图10-12 转向盘

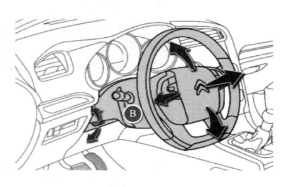

图10-13 转向盘调整

四、车外后视镜

车辆外后视镜反映汽车后方两侧的情况,使驾驶人可以间接看清楚车辆后方两侧的情况,扩大了驾驶人的视野范围,如图10-14所示。

用选择键A选择要调整的后视镜,向左拨选择驾驶人侧后视镜,向右拨选择乘客侧后视镜,通过调节钮B可在四个方向上调整车外后视镜。调整完毕,应将选择键A置于中间位置,如图10-15所示。

图10-14 车外后视镜

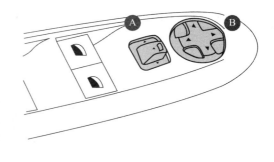

图10-15 车外后视镜调整

车外后视镜调整好后,在竖直方向上天空与地面的水平交接线应该在后视镜的上半部分,在外后视镜里可以看到三分之二的地面,三分之一的天空;水平方向,在外后视镜里可以看到四分之一的车身,四分之三的地面,如图10-16所示。

图 10-16　车外后视镜调整标准

五、车内后视镜

车内后视镜可以使驾驶人了解车辆正后方的情况,如图 10-17 所示。

图 10-17　车内后视镜

位于下边缘的手柄使后视镜设置于两个位置,从一个位置变换到另一个位置,需推或拉后视镜下边缘的手柄。白天应处于正常位置,晚上应处于防眩目位置,如图 10-18 所示。

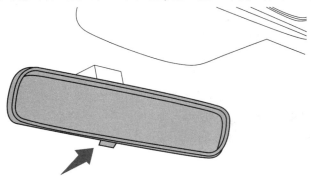

图 10-18　车内后视镜调整

驾驶使用相关部件应根据个人的身高、体形等作出正确、合理的调整,从而有效提高驾驶安全性、降低驾驶员疲劳。

习 题

一、填空题

1. 驾驶使用相关部件包括_____、安全带、_____、_____后视镜和车内后视镜。

2. 车外后视镜调整好后,在竖直方向上天空与地面的水平交接线应该在后视镜的上半部分,在外后视镜里可以看到_____的地面,_____的天空;水平方向,在外后视镜里可以看到_____的车身,_____的地面。

3. 对_____的高度、前后距离、椅背_____、头枕_____及角度的调整要求,整体以感觉_____、_____强为宜。

4. 调整车内后视镜使用相关部件应根据个人的_____、_____等作出正确、合理的调整,从而有效提高_____、降低驾驶人_____。

5. 转向盘的调整方法是当车辆处于静止状态时,向下推_____,松开锁止,并使转向盘调整到合适位置,最后把转向盘手柄拉到底,_____转向盘。

二、简答题

1. 驾驶座椅的高度调整要求是什么?

2. 驾驶座椅前后距离的调整要求是什么?

3. 靠背的调整要求是什么?

项目十一　汽车仪表盘及指示灯认知

学习目标

完成本项目学习后,你应能:
1. 正确说出仪表盘的组成;
2. 简单说出各仪表的显示内容及读取方法;
3. 简述仪表盘各指示灯的作用;
4. 说出各车况下指示灯的显示情况。

建议学时
2 学时。

一、仪表盘组成

车辆仪表盘是反映车辆各系统工作状况的装置,使驾驶人能正常、安全地驾驶车辆。车辆仪表盘由转速表、模拟速度表、数字式速度表、日里程表等组成,如图 11-1 所示。

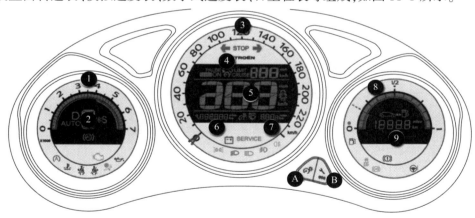

图 11-1　仪表盘

1-转速表;2-自动变速器的变速杆的位置和挡位表;3-模拟速度表;4-定速巡航和限速器的限定表;5-数字式速度表;6-维护提示器及总里程表;7-日里程表;8-燃油表和最低液位警示灯;9-续驶里程表;A-亮度调节按钮(夜间模式下可以调节);B-维护信息提示按钮

1. 转速表

转速表显示发动机的转速。读数时,将转数表上的液注或指针所对的的数字乘以 1000 即为发动机的运行转速,发动机转速的单位为 r/min(转/每分钟)。如图 11-2 所示,数字表上显示的发动机转速为 800r/min。

2. 自动变速器的变速杆的位置和挡位表

自动变速器的变速杆的位置和挡位表用来显示变速器所挂的挡位。如图 11-3 的黑色方框内所示，变速器挂在 P 挡。

图 11-2　转速表　　　　　　　图 11-3　自动变速器的变速杆的位置和挡位表

3. 模拟速度表

模拟速度表显示车辆的行驶速度，指针所指的数字即为车辆行驶速度，速度的单位为 km/h（千米/每小时）。如图 11-4 所示的方框内显示的车速为 0km/h，表明车辆处于静止状态。

4. 定速巡航和限速器的限定表

定速巡航和限速器的限定表显示在驾驶人设定速度下的匀速行驶速度。如图 11-5 的矩形方框所示的设定速度为 80km/h。

图 11-4　模拟速度表　　　　　　图 11-5　定速巡航和限速器的限定表

5. 数字式速度表

数字式速度表以数字的形式显示车速。如图 11-6 的矩形方框所显示的车速为 0km/h。

6. 维护提示器及总里程表

在打开点火开关时，维护提示器及总里程表依次显示离下一次维护所需的行驶公里和车辆所行驶的总里程。如图 11-7 的矩形方框内，显示离下一次维护所需的行驶公里数为 4798km。

7. 日里程表

日里程表显示驾驶人最后一次将计数装置归零后的行车里程数，该里程显示数值最大为1999.9km,之后自动归零从头开始计数。如图11-8所示的日里程为3642km。

图11-6 数字式速度表

图11-7 保养提示器及总里程表

图11-8 日里程表

8. 燃油表和最低液位警示灯

燃油表通过液注与刻度所对应的位置显示油箱里的燃料量,液注越靠右说明油量越多,如图11-9a)所示的燃油量充足。低液位警示灯如图11-9b)所示,当油量过低时该灯点亮。

a)燃油表

b)低液位指示灯

图11-9 燃油表和最低液位警示灯

9. 续驶里程表

续驶里程表显示的是油箱内的燃料所能提供的车辆行驶里程,如图11-10所示的矩形方框内所示的续驶里程为580km。

10. 亮度调节按钮

如图11-11所示,亮度调节按钮用来手动调节驾驶舱的光亮强度,以适应车外亮度,它只能在夜晚模式下、灯光打开时才能工作。按下按钮A来改变驾驶舱的照明强度。当达到最小亮度时,松开按钮,再按下按钮则亮度增加;或当达到最大亮度时,松开按钮,再按下按钮则亮度减小。当达到希望亮度时,松开按钮。

图 11-10 续驶里程表

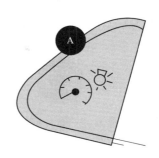

图 11-11 亮度调节按钮

11. 维护信息提示按钮

如图 11-12 所示,维护信息提示按钮在每次维护后使维护指示器归零。维护指示器归零的操作步骤为:关闭点火开关,按住日里程表归零按键 A,打开点火开关;里程表开始倒计时,当显示屏显示"＝0"并且扳手符号消失时,松开按键。在提示维护信息期间不能做这项操作。

二、仪表盘指示灯

仪表盘根据车况、操作等显示各种指示灯,指示车辆工作状态。有的指示灯在打开电源时点亮,有的指示点亮数秒,有的指示灯在车辆发生故障时点亮,有的指示灯在驾驶人进行相关操作时点亮。一般仪表盘指示灯包括 ABS 指示灯、安全带指示灯、蓄电池指示灯、发动机油压报警指示灯等。

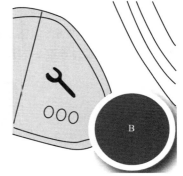

图 11-12 维护信息提示按钮

1. ABS 指示灯

如图 11-13 所示,该指示灯用来显示 ABS 制动器的工作状况。当打开钥匙门,车辆自检时,ABS 灯会点亮数秒,随后熄灭。如果未闪亮或者起动后仍不熄灭,表明 ABS 出现故障。

2. 安全带指示灯

如图 11-14 所示,该指示灯用来显示安全带是否处于锁止状态,当该灯点亮时,说明安全带没有及时地扣紧,并有相应的提示音。当安全带被及时扣紧后,该指示灯自动熄灭,提示音止响。

图 11-13 ABS 指示灯   图 11-14 安全带指示灯

3. 蓄电池指示灯

如图 11-15 所示,该指示灯用来显示蓄电池使用状态。打开钥匙门,车辆开始自检时,该指示灯点亮。车辆起动后自动熄灭。如果车辆起动后蓄电池指示灯常亮,说明该蓄电池

75

出现了使用问题,需要更换。

4. 发动机油压报警指示灯

如图 11-16 所示,该指示灯用来显示发动机内机油的压力状况。打开钥匙门,车辆开始自检时,指示灯点亮,车辆起动后熄灭。该指示灯常亮,说明该车发动机机油压力低于规定标准。

图 11-15　蓄电池指示灯　　　　图 11-16　发动机油压报警指示灯

5. 燃油液低位指示灯

如图 11-17 所示,该指示灯用来显示车辆内储油量的多少,当钥匙门打开,车辆进行自检时,该指示灯会短时间点亮,随后熄灭。如车辆起动后该指示灯点亮,则说明车内油量已不足。

6. 车门未关闭指示灯

如图 11-18 所示,该指示灯用来显示车辆各车门关闭状况,任意车门未关上,或者未关好,该指示灯都会点亮,提示车主车门未关好,当车门关闭或关好时,相应车门指示灯熄灭。

图 11-17　燃油液低位指示灯　　　　图 11-18　车门未关闭指示灯

7. 气囊警报指示灯

如图 11-19 所示,该指示灯用来显示安全气囊的工作状态,当打开钥匙门,车辆开始自检时,该指示灯自动点亮数秒后熄灭,如果常亮,则安全气囊出现故障。

8. 制动指示灯

如图 11-20 所示,该指示灯用来显示车辆驻车制动器的状态,平时为熄灭状态。当驻车制动器被拉起后,该指示灯自动点亮。驻车制动器被放下时,该指示灯自动熄灭。

图 11-19　气囊警报指示灯　　　　图 11-20　制动指示灯

9. 冷却液指示灯

如图 11-21 所示,该指示灯用来显示发动机内冷却液的温度,钥匙门打开,车辆自检时,会点亮数秒后熄灭。冷却液指示灯常亮,说明冷却液温度超过规定值,需立刻暂停行驶。

10. 发动机自诊指示灯

如图 11-22 所示,该指示灯用来显示车辆发动机的工作状况,当打开钥匙门时,车辆自检时,该指示灯点亮后自动熄灭,如常亮则说明车辆的发动机出现了机械故障。

图 11-21　冷却液指示灯　　　　图 11-22　发动机自诊指示灯

11. 助力转向指示灯

如图 11-23 所示,该指示灯用来显示车辆助力转向情况,一般处于熄灭状态,助力转向出现故障时该灯被点亮。

12. 强制停车指示灯

如图 11-24 所示,该指示灯在打开点火开关时被点亮,数秒后熄灭,当发生爆胎、制动或冷却液温度不正常时被点亮。

图 11-23　助力转向指示灯　　　　图 11-24　强制停车指示灯

13. SERVICE 维修提示指示灯

如图 11-25 所示,该指示灯在打开点火开关时被点亮,数秒后熄灭,当没有特定指示灯亮的故障时,该灯被点亮。

14. 转向灯指示灯

如图 11-26 所示,该指示灯是用来显示车辆转向灯所在的位置,通常为熄灭状态。当车主点亮转向灯时,该指示灯会同时点亮相应方向的转向指示灯,转向灯熄灭后,该指示灯自动熄灭。

图 11-25　SERVICE 维修提示指示灯　　　　图 11-26　转向灯指示灯

15. 远光指示灯

如图 11-27 所示,该指示灯是用来显示车辆远光灯的状态。通常的情况下该指示灯为熄灭状态。当驾驶人点亮远光灯时,该指示灯会同时点亮,以提示车主,车辆的远光灯处于开启状态。

16. 近光灯指示灯

如图 11-28 所示,该指示灯通常处于熄灭状态,当将灯管操纵杆置在"近光灯"时,该灯被点亮。

图 11-27　远光指示灯　　　　图 11-28　近光灯指示灯

17. 示宽灯指示灯

如图 11-29 所示,该指示灯是用来显示车辆示宽灯的工作状态,平时为熄灭状态。当示宽灯打开时,该指示灯随即点亮。当示宽灯关闭或者关闭示宽灯打开前照灯时,该指示灯自动熄灭。

18. ESP 指示灯

如图 11-30 所示,该指示灯是用来显示车辆 ESP(牵引力控制系统)的工作状态。当该指示灯点亮时,说明 ESP 系统已被关闭。

图 11-29　示宽指示灯

图 11-30　ESP 指示灯

19. 前雾灯指示灯

如图 11-31 所示,该指示灯是用来显示前雾灯的工作状况,当前雾灯点亮时,该指示灯会点亮,关闭前雾灯后,前雾灯指示灯熄灭。

20. 后雾灯指示灯

如图 11-32 所示,该指示灯是用来显示后雾灯的工作状况。当后雾灯点亮时,该指示灯会点亮,关闭后雾灯后,后雾灯指示灯熄灭。

图 11-31　前雾灯指示灯　　　图 11-32　后雾灯指示灯

不同品牌、不同车型的仪表盘会有所差异,但基本功能大同小异。正确读取车辆仪表盘所反映的信息,能有效提高驾驶的安全性,能保持车辆的良好车况。

习　题

一、填空题

1. 当打开钥匙门,ABS 指示灯会_____数秒,随后熄灭。

2. 安全带指示灯点亮时,说明_____没有扣紧。

3. _____指示灯用来显示车辆内储油量的多少,当钥匙门打开,该油亮指示灯会短时间点亮,随后熄灭。

4. ESP 指示灯点亮时,说明_____系统已被关闭。

5. 当前雾灯点亮时,_____会点亮,关闭前雾灯后,前雾灯指示灯熄灭。

6. 当打开钥匙门时,_____点亮后自动熄灭,如常亮则说明车辆的发动机出现了机械故障。

7. 打开钥匙门,发动机油压报警指示灯_____,车辆起动后_____。

8. 冷却液指示灯常亮,说明_____温度超过规定值,需立刻暂停行驶。

二、简答题

仪表盘的作用是什么?

项目十二　汽车空调认知

学习目标

完成本项目学习后,你应能:
1. 用简要语句说出空调的作用;
2. 正确说空调控制面板及出风口的组成;
3. 简述空调使用的相关操作。

建议学时
2 学时。

汽车空气调节装置简称汽车空调,用于调整和控制汽车车厢内的温度、湿度、空气清洁度及空气流动性到最佳状态,为乘员提供舒适的乘坐环境,减少旅途疲劳,为驾驶员创造良好的工作条件,对确保安全行车起到重要作用的通风装置。汽车空调控制面板如图 12-1 所示。

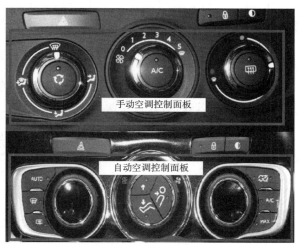

图 12-1　汽车辆空调

汽车空调出风口如图 12-2 所示。汽车空调通风口用于通风和控制风向,为车内乘员提供舒适的乘坐环境。

1. 手动空调

手动空调的控制面板由空气循环按钮、冷气开关、后风窗除霜除雾按钮、风向调节旋钮、风量调节旋钮、温度调节旋钮组成。大多数汽车,只有在发动机运转的情况下,空调设备才可以工作。

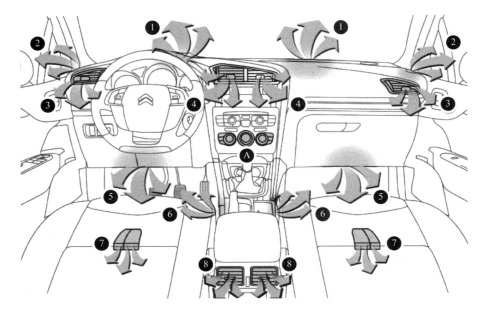

图 12-2　空调出风口

1-前风窗除雾或除霜出风口；2-前侧窗除雾或除霜出风口；3-可关闭和调节方向的侧出风口；4-可关闭和调节方向的中央出风口；5-前乘客脚部出风口；6-前乘客脚部出风口；7-后排乘客脚部出风口；8-后排出风口

（1）空气循环按钮。

按压如图 12-3 所示的空气循环按钮①，外部进气关闭，指示灯亮。在保持其他调节时，该设置可以隔离外部的异味或令人不舒服的烟雾，还可以尽快达到设定的温度。需要更换座舱空气或除雾时，需取消该设置。重新按压按钮①，关闭车内空气循环。

（2）冷气开关。

风量调节开关打开（不在 0 位置），按压如图 12-4 所示冷气开关②，指示灯亮，表明空调设备开始工作。为了取得良好的空调效果，使用空调设备时，应关闭车窗。如果车辆在太阳下停留时间很长，车内温度势必很高，这时可打开车窗一段时间，然后将其关闭。

　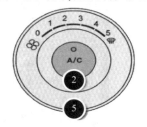

图 12-3　手动空调控制面板　　　　图 12-4　手动空调控制面板

（3）后风窗除霜除雾按钮。

按压如图 12-5 所示的后风窗除霜除雾按钮③，运行时指示灯点亮。该控制键可以快速给后风窗除霜除雾。重新按压按钮③，设备停止工作。对于装备车外后视镜加热的车辆，后风窗除霜除雾时，也进行车外后视镜除霜除雾。

（4）风向调节旋钮。

旋转如图 12-3 所示的风向调节旋钮④至相应的位置可调节空气流向。旋转按钮至如

图 12-6a）所示的位置时，向风窗玻璃和侧前窗玻璃送风，用于除雾和除霜；旋转按钮至如图 12-4b）所示的位置时，同时向脚部、风窗和侧窗玻璃送风；旋转按钮至如图 12-4c）所示的位置时，向脚部位置送风。旋转按钮至如图 12-4 的第四幅所示的位置时，向头部送风。

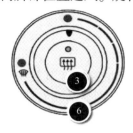

图 12-5 手动空调控制面板

a)　　　　b)　　　　c)　　　　d)

图 12-6 风向

（5）风量调节旋钮。

旋转如图 12-4 所示的风量调节旋钮⑤，从位置 1 到位置 5，风量逐渐增大。为了保证座舱的舒适性，行车时不要关闭风量开关。

（6）温度调节旋钮。

旋转如图 12-5 所示的温度调节旋钮⑥，可调整温度。逆时针转动，出风口温度向低温调节；顺时针转动，出风口温度向高温调节。

安装手动空调的车辆可按表 12-1 进行冷气、暖风等调节。

手动空调冷气、暖风调节　　　　表 12-1

使用功能	风向调节	温度调节	风量调节	冷气开关	空气循环
冷气	向头部送风	开始时设置为最大制冷，然后按个人需求调节	开始时设置为最大风速，然后按个人需求调节	开	开始设置为汽车内部循环
暖风	向脚部送风	开始时设置为最高温度，然后按个人需求调节	开始时设置为最大风速，然后按个人需求调节	关	开始设置为汽车内部循环
除霜	向前风窗送风	最高温度	最大	关	内部空气循环
除雾	向前风窗送风	一般天气设置为最低温度，寒冷天气设置为最高温度	最大	开	外部空气循环

2. 自动空调

自动空调的功能包括车内温度和湿度自动调节、回风和送风模式自动控制以及运转方式和换气量控制等功能。电控单元将根据驾驶人或乘客通过空调显示控制面板上的按钮进行的设定,使空调系统自动运行,并根据各种传感器输入的信号,对送风温度和送风速度及时地进行调整,使车内的空气环境保持最佳状态。

自动空调的控制面板由显示屏、温度调节旋钮、自动运行按钮、前风窗和前侧窗玻璃除霜除雾按钮等组成。

(1) 显示屏。

①为显示屏,显示设定的温度,如图 12-7 所示。

系统可分别独立调节座舱左右侧的温度。旋转如图 12-5 所示的温度调节旋钮②,即可显示所希望的温度,向左旋转降低温度,向右旋转增加温度。A、B 分别显示左右两侧座舱所希望的温度。为了得到最佳舒适性,左右两侧调节的温度差不应大于 3℃。

(2) 自动运行按钮。

按压如图 12-7 所示的自动运行按钮③,在显示屏上出现 A/C 和 AUTO,可根据所选择的温度,自动管理座舱内左右两侧的温度、风向、空调设备运行、空气循环五项功能。

(3) 前风窗和前侧玻璃除霜除雾按键。

按压如图 12-7 所示的前风窗和前侧玻璃除霜除雾按键④,指示灯亮,前风窗和前侧玻璃除霜除雾运行。重新按压④,系统停止工作。按该按键可快速实现除雾除霜,也会自动影响进气、空调、气流分配和风量大小。

(4) 后风窗除霜除雾按键。

按压如图 12-7 所示的后风窗除霜除雾按键⑤,指示灯亮,后风窗除霜除雾运行。重新按压⑤或③,系统停止工作。

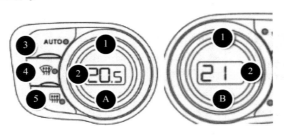

图 12-7 自动空调控制面板

(5) 风量调节旋钮。

旋转如图 12-8 所示的风量调节旋钮⑥调节风量大小。风量大小调节按如图 12-9 所示的图标方向旋转即可。如果需要关闭空调,旋转旋钮⑥直到风量指示灯全部熄灭。

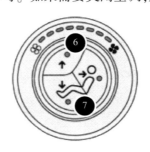

图 12-8 自动空调控制面板

a)增加 b)减小

图 12-9 风向大小

(6) 风向调节开关按键。

逐次按压如图 12-8 所示的风向调节开关按键⑦,可使气流分配相继在显示屏上显示,进而可调节相应的风向。显示为图 12-10a)时,向风窗和前侧玻璃供气;显示为图 12-10b)时,向风窗、前侧玻璃和乘客脚步供气;显示为图 12-10c)时向乘客脚步供气;显示为图 12-10e)时,向中央、侧通风口和乘客脚步供气;显示为图 12-10e)时,向中央、侧通风口供气。

图 12-10　风向开关按键

(7) 空气循环控制键。

按压如图 12-11 所示的空气循环控制键⑧一次,左侧指示灯点亮,外部进气关闭,切换为空气内循环。第二次按压控制键⑧一次,右侧指示灯点亮,外部空气传感器根据外部空气质量,自动控制空气循环。第三次按压控制键⑧一次,两侧指示灯都熄灭,表示切换为空气外循环。

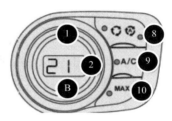

图 12-11　自动空调控制面板

(8) 冷气开关按键。

按压如图 12-10 所示的冷气开关按键⑨,制冷设备启动,按键上的指示灯点亮。再次按压,系统关闭。

(9) 最大效能键。

按压如图 12-10 所示的最大效能键⑩,按键上的指示灯点亮,显示屏上显示"LO"或"HI",表示以最大效能降低或提升车内温度。再次按下此按键,按键上的指示灯熄灭,该功能取消。

汽车空调的工作环境比较恶劣,在使用过程中要定期进行清洁和维护,以保证空调正常工作。

习题

简答题

1. 手动空调的控制面板由哪些部件组成?

2. 自动空调的控制面板由哪些部件组成?

3. 汽车空气调节装置的作用是什么?

项目十三　汽车多媒体娱乐系统认知

> **学习目标**
>
> 完成本项目学习后，你应能：
> 1. 正确说出多媒体控制面板的按键名称；
> 2. 能简单说出多媒体控制面板按键的作用；
> 3. 能简述使用多媒体基本功能的方法；
> 4. 能说出导航、倒车影响的功能。
>
> **建议学时**
> 2 学时。

虽然汽车多媒体对于汽车来讲，只是一种辅助性设备，对汽车的运行性能没有影响，但其可以提高驾驶人与乘员的舒适性。乘车过程中，多媒体设备可以给乘坐人员提供很多娱乐活动，降低乘车人员的疲劳。常见的多媒体娱乐系统包括收音机、CD 播放机、蓝牙等，也包括辅助驾驶的导航、倒车影像等。

一、多媒体娱乐系统控制面板、界面

1. 控制面板

如图 13-1 所示为多媒体的控制面板。

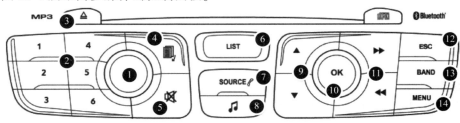

图 13-1　多媒体控制面板

1-开机/关机及调节音量键；2-(按键 1~6)选择储存电台键；3-弹出 CD 键；4-选择屏幕显示模式；5-静音键；6-显示目录键；7-选择音源键；8-调节音频选项键；9-手动搜索电台频率键；10-确定或显示菜单键；11-自动搜索电台频率键；12-返回键；13-选择波段键；14-显示主菜单键

（1）开机/关机及调节音量键。

如图 13-2 所示为开机/关机及调节音量键，按压此键一次则可打开多媒体电源，再按一次，则关闭多媒体的电源。顺时针旋转此键可使多媒体的音量加大，逆时针旋转可使多媒体的音量减小。

（2）选择储存电台键。

如图 13-3 所示的 1、2、3、4、5、6 按键为选择储存电台键，长按其中的一个数字键可储存一个电台。

图 13-2 开机/关机及调节音量键

图 13-3 选择储存电台键

（3）弹出 CD 键。

如图 13-4 所示为弹出 CD 键，按压此键将弹出 CD。

（4）选择屏幕显示模式。

如图 13-5 所示为选择屏幕显示模式，按压此键将显示不同的屏幕模式，屏幕可显示音响（如果通话中则为电话）窗口、时间或行车电脑全屏、音响（如果通话中则为电话）全屏，长按则显示为黑屏。

（5）静音键。

如图 13-6 所示为静音键，单次按压此键可中断或恢复声音。

图 13-4 弹出 CD 键

图 13-5 选择屏幕显示模式

图 13-6 静音键

（6）显示目录键。

如图 13-7 所示为显示目录键，单次按压此键显示搜索到的电台列表、曲目或 CD/MP3 目录，长按则更新搜索到的电台列表，管理 MP3/WMA 文件的分级。

（7）选择音源键。

如图 13-8 所示为选择音源键，按压此键可以选择收听收音机、CD、AUX、USB、音频流接听电话。

图 13-7 显示目录键

图 13-8 选择音源键

(8) 调节音频选项键。

如图 13-9 所示为调节音频选项键,按压此键可调节音效、高音、低音、响度、分配、左右平衡、前后平衡、自动音量。

(9) 手动搜索电台频率键。

如图 13-10 所示为手动搜索电台频率键,按压此键可选择上一个/下一个 MP3 文件夹,选择 USB 设备的文件夹/流派/音乐家/上一个/下一个播放列表,在一个列表中浏览功能。

图 13-9　调节音频选项键　　　图 13-10　手动搜索电台频率键

(10) 确定或显示菜单键。

如图 13-11 所示为确定或显示菜单键,按压此键可以确定选项或打开选项菜单。

(11) 自动搜索电台频率键。

如图 13-12 所示为自动搜索电台频率键,按压此键将自动搜索电台频率。

图 13-11　确定或显示菜单键　　　图 13-12　自动搜索电台频率键

(12) 返回键。

如图 13-13 所示为返回键,按压此键返回上一级(菜单或目录)。

(13) 选择波段键。

如图 13-14 所示为选择波段键,按压此键选择波段 FM1、FM2 和 AM。

(14) 显示主菜单键。

如图 13-15 所示为显示主菜单键,按压此键显示主菜单。

图 13-13　返回键　　　图 13-14　选择波段键　　　图 13-15　显示主菜单键

2. 界面

多媒体娱乐系统界面也叫显示屏,用于显示使用者使用过程中的信息。如图 13-16 所示为主菜单的显示界面。

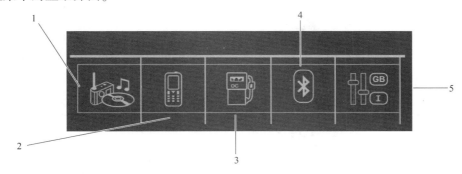

图 13-16 主菜单显示界面
1-多媒体;2-电话;3-旅程电脑;4-蓝牙连接;5-个性化配置

二、多媒体基本功能使用

1. 收音机(选择一个电台并播放)

按如下步骤操作即可播放收音机。

(1)连续按下选择音源键(SOURCE 键),选择收音机,如图 13-17 所示。

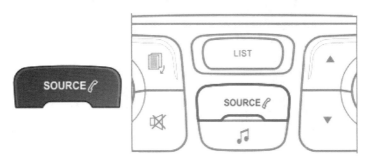

图 13-17 按压选择音源键

(2)按动选择波段键(BAND)键,选择波段:FM1、FM2、AM,如图 13-18 所示。

图 13-18 按压选择波段键

(3)按下显示目录键(LIST 按钮),显示搜索到的电台列表(按字母顺序排列),如图 13-19 所示。

(4)选择想要的电台然后按"OK"确认,如图 13-20 所示。

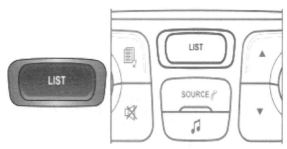

图 13-19　按压显示目录键

图 13-20　选择电台并确认

（5）按一下会转到下一个或上一个字母（例：A、B、D、F、G、J、K…），如图 13-21 所示。

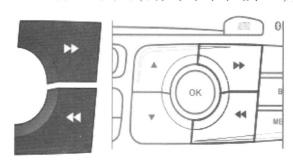

图 13-21　电台列表选项选择

（6）长按"LIST"键可以建立或更新电台列表，电台接收会暂时停止，如图 13-22 所示。

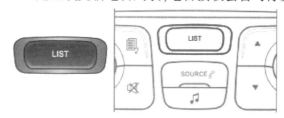

图 13-22　更新电台列表

2. 音响（播放 CD 光盘）

按如下步骤操作即可播放 CD 光盘。

（1）插入一张 CD 光盘，播放器开始自动播放，如图 13-23 所示。

（2）为了收听已插入的光盘，可连续按动如图 13-24 所示的"SOURCE"键选择 CD。

（3）按压如图 13-25 所示的其中一个按键，选择一个 CD 曲目。

图 13-23　插入 CD 光盘

图 13-24　按动选择音源键

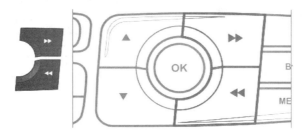

图 13-25　按压自动搜索键

（4）按住如图 13-26 所示的"LIST"键，显示 CD 的曲目列表。

（5）持续按住如图 13-27 所示的其中一个按钮，进行快进或快退操作。

图 13-26　按压显示目录键

图 13-27　按压自动搜索键

3. 音响（CD、USB）

按如下步骤操作即可播放 USB 音乐，或切换到 CD 音乐。

（1）如图 13-28 所示，将 MP3 光盘插入 CD 播放器内或直接或通过转接线连接一个 USB 设备。

（2）要收听一张光盘或已经连接的 USB，连续按动如图 13-29 所示的选择音源键（SOURCE 键），选择"CD"或"USB"。

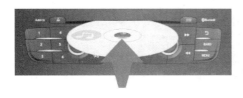

图 13-28　插入光盘

图 13-29　按压选择音源键

（3）按下如图 13-30 所示的自动搜索电台频率键，选择光盘内的曲目。

（4）按下如图 13-31 所示的手动搜索电台频率键，根据选择的分类选择上一个/下一个目录。

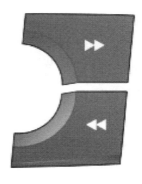

图 13-30　按压自动搜索键　　　图 13-31　按压手动搜索键

（5）保持按住如图 13-32 所示的自动搜索电台频率键的一个按钮，可进行快进或快退操作。

（6）按下如图 13-33 所示的显示曲目列表（LIST 键），显示曲目列表。

图 13-32　按压自动搜索键　　　图 13-33　按压显示目录键

4. 音频辅助输入（AUX）

按如下步骤操作即可播放非大容量移动存储的播放设备或 IPOD 播放器无法被 USB 接口识别的音乐。

（1）通过相应的转接线（不随车提供）将播放设备插到 AUX 接口上，如图 13-34 所示。

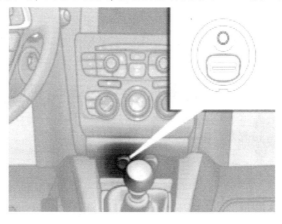

图 13-34　AUX 接口

(2)连续按压如图 13-35 所示的"SOURCE"键,并选择"辅助输入"。
(3)调整移动设备播放设备的音量,如图 13-36 所示。
(4)调整车辆音响的音量,如图 13-37 所示。

图 13-35　按压选择音源键　　　图 13-36　移动设备　　　图 13-37　调整车辆音量

(5)通过移动播放设备显示和管理音频操作。

5.通过蓝牙播放音频文件

按如下步骤操作即可播放蓝牙音乐。
(1)打开电话的蓝牙功能。
(2)按下如图的 13-38 所示的"MENU"按钮。
(3)选择"蓝牙连接"并确认,如图 13-39 所示。

图 13-38　按压显示主菜单键　　　图 13-39　按压自动搜索和确认键

(4)选择"搜索设备",界面显示"搜索中…",如图 13-40 所示。
(5)使用如图 13-41 所示的自动搜索电台频率键和确认键,从清单中选择要连接的电话,一次只能连接一部电话。

图 13-40　自动搜索电台频率键和确认键　　　图 13-41　自动搜索电台频率键和确认键

(6)屏幕上显示出一个虚拟键盘,输入一个最少为 4 个数字的代码,并按如图 13-42 所示 OK 确认。
(7)此时在电话的屏幕上显示一条信息:输入相同的代码并确认。在电话上输入与多媒体显示屏相同的数字即可完成配对,若配对不成功则采取相同的方法重新配对。

（8）按如图13-43所示的"SOURCE"键激活流媒体源。通过音响的控制开关进行曲目播放，信息会显示在显示屏上。

图13-42　确认键　　　　　　　　　　图13-43　选择音源键

（9）按下如图13-44所示的"OK"键，进入快捷菜单。
（10）选择"多媒体"并按下如图13-45所示的"OK"键确认。

图13-44　自动搜索电台频率键和确认键　　图13-45　自动搜索电台频率键和确认键

（11）选择"媒体参数"并确认。
（12）选择"播放模式"并确认，即可播放音频文件。

三、导航、倒车影像

许多车型的多媒体娱乐系统还配备导航和倒车影像，或者没有导航和倒车影像的车辆也可通过加装配备。导航和倒车影像可用于辅助驾驶人驾驶车辆。

1. 导航

具有GPS全球卫星定位系统功能，在驾驶汽车时随时随地知晓自己的确切位置。汽车导航具自动语音导航、最佳路径搜索等功能，且有集成的办公、娱乐功能，如图13-46所示为导航的显示界面。

图13-46　导航界面

2. 倒车影像

倒车影像又称泊车辅助系统,或称倒车可视系统、车载监控系统等。用于倒车时显示车辆后方情况。当挂上倒挡后,显示界面会自动切换并显示车辆后方情况,如图 13-47 所示为倒车时所显示的倒车影像。

图 13-47　倒车影像

随着科学技术的进步,许多高科技被运用于汽车。汽车多媒体功能也越来越丰富,乘员在行车途中能享受更多的行车乐趣。

习题

一、填空题

1. 常见的多媒体娱乐系统包括_____、CD_____、_____等,也包括辅助驾驶的_____、_____等。

2. _____和_____用于辅助驾驶人驾驶车辆。

3. _____键,按压此键可调节音效、高音、低音、响度、分配、左右平衡、前后平衡、自动音量。

4. 多媒体娱乐系统_____也叫显示屏,用于显示使用者使用过程中的信息。

5. 要收听一张_____或已经连接的_____,连续按动选择音源键(SOURCE 键),选择"CD"或"USB"。

二、简答题

1. 导航的作用是什么?

2. 倒车影像的作用是什么?

项目十四　汽车洗涤刮水装置认知

学习目标

完成本项目教学后,你应能:

1. 正确说出刮水器开关、洗涤喷嘴、刮水器臂、刮水器片、刮水器储液罐、雨量传感器在车上的位置;
2. 用简要语说出刮水器开关的使用方法;
3. 简单叙述刮水器片的分类及结构特点。

建议学时

2 学时。

汽车洗涤刮水装置是用来刮除附着于车辆风窗玻璃上的雨点及灰尘的设备,以改善驾驶人的能见度,增加行车安全。汽车洗涤刮水装置包括刮水器开关、洗涤喷嘴、刮水器臂、刮水器片、刮水器储液罐等。

一、刮水器开关

刮水器开关位于转向盘的右侧,如图 14-1 所示。通过上下拨动刮水器开关可以选择和控制刮刷模式,刮刷的频率和时间间隔与所选的刮刷模式相对应。

如图 14-2 所示,刮水器开关上标有"0""Int""1""2"和"↓"等标识。"0"表示刮水器开关关闭,"Int"表示刮水器开关开启间歇刮刷模式,"1"表示刮水器开关开启正常刮刷模式,"2"表示刮水器开关开启快速刮刷模式,"↓"表示刮水器开关开启仅刮刷一次模式。

图 14-1　雨刮开关位置

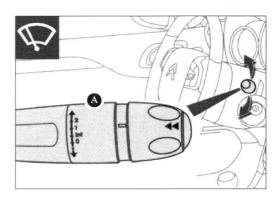

图 14-2　刮水器开关标识

如图 14-3 所示为刮水器开关开启不同模式所处的位置。位置 0 与"0"相对应,位置 1

与"Int"相对应,位置 2 与"1"相对应,位置 3 与"2"相对应,位置 4 与"⬇"相对应。

二、洗涤喷嘴

在风窗玻璃处于干燥而又需要刮出灰尘等杂物时,可通过洗涤喷嘴喷出水雾,再进行刮刷。洗涤喷嘴位于发动机舱盖或发动机舱盖与风窗玻璃之间,如图 14-4 所示。当向转向盘方向扳动刮水器开关时,刮水器液会喷射到风窗玻璃上。

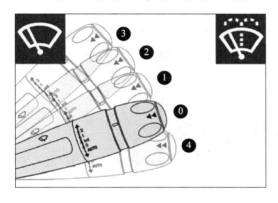

图 14-3　刮水器开关开启位置　　　　图 14-4　洗涤喷嘴

三、刮水器臂

刮水器臂如图 14-5 所示。在刮水器开关开启的状态下,用于带动刮水器片进行刮刷。

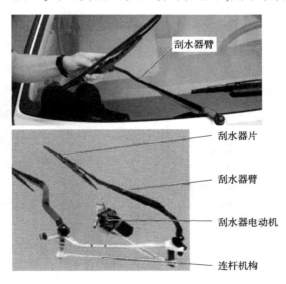

图 14-5　刮水器臂

四、刮水器片

刮水器片与刮水器臂相连,刮水器片按照结构可分为有骨刮水器片和无骨刮水器片两种。

1. 有骨刮水器片

有骨刮水器片，如图 14-6 所示。刮片部分由支架与橡胶擦片组成的，支架则分为主支架与副支架。主支架根据空气流体力学设计，作用是防止风力浮举效应，而副支架为多支点及不锈钢衬条，其目的是使刮水器与风窗玻璃间的压力分布均匀。

2. 无骨刮水器片

无骨刮水器，如图 14-7 所示。其主体可视为一根橡胶擦片，与有骨刮水器片相比，其没有支架部分。

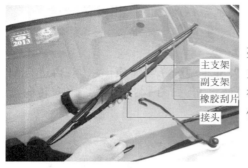

图 14-6　有骨刮水器片

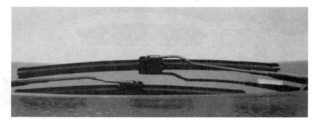

图 14-7　无骨刮水器

五、刮水器储液罐

如图 14-8 所示，刮水器储液罐位于发动机舱内，刮水器储液罐的盖子一般是浅蓝色的，而且上面还有刮水器的浮雕，用于储存、加注刮水器液。

在一些车辆中，刮水器系统配置了带雨量传感器的自动刮刷模式，如图 14-9 所示。雨量传感器位于前风窗玻璃后面，可感知风窗玻璃上水滴的大小、多少，发出刮水请求至车身控制器 BCM 或者独立的控制器，控制刮水器完成间歇刮水、低速连续刮水以及高速连续刮水，即它能根据落在玻璃上雨水量的大小来调整刮水器的动作。

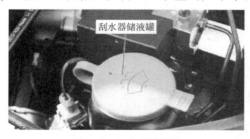

图 14-8　刮水器储液罐

图 14-9　雨量传感器

汽车洗涤刮水装置在使用时应注意维护，不可干刮，应先喷点水再开刮水器开关，这样有利于保护刮水器片；在车辆长期停放的情况下，可以用木条之类的小东西，垫在雨刮下，使刮水器片与风窗玻璃相互分离，这样可以延长刮水器的使用寿命。

习题

一、填空题

1. 汽车洗涤刮水装置包括_____、_____、_____、_____、_____、

_____等组成。

2. 刮水器开关位于转向盘的_____。通过上下拨动刮水器开关可以选择和控制_____，刮刷的_____和_____与所选的刮刷模式相对应。

3. 洗涤喷嘴位于_____或_____与_____之间。当向_____方向扳动刮水器开关时，刮水器液会喷射到风窗玻璃上。

4. _____用于带动刮水器片进行刮刷。

5. 刮水器片按照结构可分为_____和_____两种。

6. 有骨刮水器的刮片部分由_____与_____组成的，支架则分_____为与_____。

7. 无骨刮水器的主体可视为一根_____。

二、简答题

汽车洗涤刮水装置的作用是什么？

项目十五　汽车灯具及喇叭认知

学习目标

完成本项目教学后,你应能:
1. 正确说出汽车灯光的种类;
2. 用简要语句描述不同种类汽车灯光的使用场合;
3. 清楚开启车辆灯光、喇叭对应的操纵。

建议学时
2学时。

一、灯光种类与应用

车辆灯光按作用分照明用灯光、警示用灯光、装饰用灯光为三大类。

1. 照明用灯光

汽车外部照明用灯光可以照亮车体前方的道路情况,使驾驶者可以在黑夜里安全的行车。照明用灯光包括示宽灯、近光灯、远光灯、雾灯、阅读灯。

1) 示宽灯

示宽灯,也叫行车灯或示廓灯。让其他交通参与者(车辆、行人、骑车人)能及早发现车辆的宽度、长度,以便提前做出相应的避让。如图15-1所示为开启示宽灯的车辆。

2) 近光灯

在夜间路灯照明良好的情况下使用,或在夜间车速在小于30km/h时使用,夜间会车时应使用近光灯,如图15-2所示为开启近光灯的车辆。

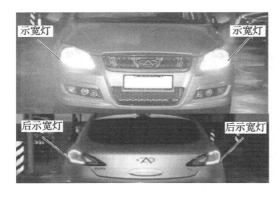

图15-1　开启示宽灯的车辆

图15-2　开启近光灯的车辆

3) 远光灯

在夜间没有路灯的照明或者照明不良的情况下使用,或在夜间车速大于 30km/h 时使用,会经常被用于照亮远处公路上方的路牌,或用开启远光灯的方式来警示对方(不开启近光灯的前提下)。如图 15-3 所示为开启远光灯的车辆。

在禁止鸣喇叭区城,或夜间通过交叉路口时,在会车、超车时通过采取变换远近光灯的方式,警示车辆和行人。

4) 雾灯

在有雾、下雪、大雨或尘埃弥漫等能见度低的情况下使用,作为照明的同时提示行人和其他车辆。如图 15-4 所示为开启雾灯的车辆。

图 15-3 开启远光灯的车辆

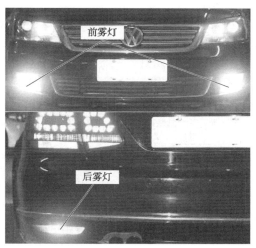

图 15-4 开启雾灯的车辆

5) 阅读灯

阅读灯,安装在汽车内部,便于看清车内情况。夜间行车时,应该关闭阅读灯,因为阅读灯会影响驾驶员的注意力,影响行车安全。如图 15-5 所示为开启阅读灯的车辆。

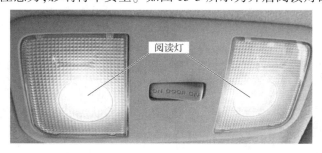

图 15-5 开启阅读灯的车辆

6) 牌照灯

在开启前照灯的同时亮灯,用于照亮车辆牌照。如图 15-6 所示为开启牌照灯的车辆。

2. 警示用灯光

警示用灯光用于警示车辆和路人,以提高行车安全。警示用灯光包括左转弯指示灯、右转弯指示灯、倒车灯、制动灯、危险警示灯(双闪灯)。

图 15-6　开启牌照灯的车辆

1）左转弯指示灯

预告车辆即将起步、向左转弯、左向变道或超车。如图 15-7 所示为开启左转弯灯的车辆。

2）右转弯指示灯

预告车辆即将停车、向右转弯、右向变道。如图 15-8 所示为开启右转弯灯的车辆。

图 15-7　开启左转弯灯的车辆

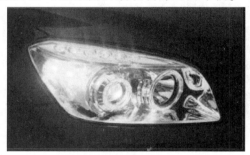
图 15-8　开启右转弯灯的车辆

3）倒车灯

在车辆倒车挂入倒车挡时自动开启，用于警示车辆、行人车辆正处于或即将倒车。如图 15-9 所示为开启倒车灯的车辆。

4）制动灯

当驾驶员踩制动车辆时，车尾制动灯（红色）自动开启，警示后车注意减速避让。如图 15-10 所示为开启制动灯的车辆。

图 15-9　开启倒车灯的车辆

图 15-10　开启刹车灯的车辆

5）危险警示灯（双闪灯）

向其他机动车、非机动车、行人警示预告车辆具有危险紧急情况，请注意避让。如图 15-11

所示为开启双闪灯的车辆。

3. 装饰类灯光

装饰类灯光主要用于装饰,包括车内氛围灯和日间行车灯。

1)车内氛围灯

车内氛围灯,根据不同的车型所安装的位置不同,有的车型没有氛围灯。如图 15-12 所示为开启车内氛围灯的车辆。

图 15-11 开启双闪灯的车辆

图 15-12 开启车内氛围灯的车辆

2)日间行车灯

用于白天让车辆和行人看清车辆的方位。如图 15-13 所示为开启日间行车灯的车辆。

图 15-13 开启日间行车灯的车辆

二、灯光操作手柄、开关使用

灯光操作手柄位于转向盘的左侧,是一根塑料杆子,端部有两个可旋转的环(A 环和 B 环)和白色的刻度线,如图 15-14 所示(以雪铁龙车辆为例,其他车型会略有不同)。通过操作灯光操作手柄可以开启示宽灯、近光灯、远光灯等车辆灯光。

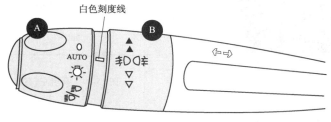

图 15-14 灯光操作手柄

1) 开启大灯自动点亮功能

旋转 A 环,使"AUTO"图标(图 15-15)对准白色刻度线,即可开启前照灯自动点亮功能。当外界光线较暗时无需驾驶员操作即可自动开启示宽灯和近光灯,A 环处于"AUTO"外的其他位置则取消此功能,低配车型一般无前照灯自动点亮功能。

2) 开启示宽灯

旋转 A 环,使示宽灯图标(图 15-16)对准白色刻度线,即可开启示宽灯。

3) 开启近光灯、远光灯

旋转 A 环,使近光灯/远光灯图标(图 15-17)对准白色刻度线,即可开启近光灯。此时,将灯光操纵手柄往转向盘方向抬可开启远光灯,多次抬动则交换开启近光灯、远光灯。若在没有开启近光灯的情况下,将灯光操纵手柄往转向盘方向抬则开启远光灯,松开则熄灭。

图 15-15　开启前照灯自动点亮功能图标　　图 15-16　示宽灯图标　　图 15-17　近光灯/远光灯图标

4) 开启前、后雾灯

雾灯只有在示廓灯、近光灯或远光灯亮时才能开启。往前转动 B 环一次,前雾灯亮;往前转动两次,后雾灯亮;向后转动 B 环一次,后雾灯熄灭;向后转动两次前雾灯熄灭。

5) 开启阅读灯

开启阅读灯时只需按下阅读灯开关即可。如图 15-18 所示。

6) 开启左、右转向灯

将灯光操作手柄向下压或向上抬即可开启左转向灯或右转向灯。如图 15-19 所示。

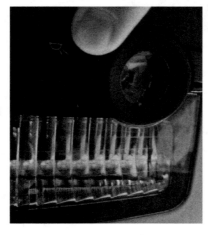   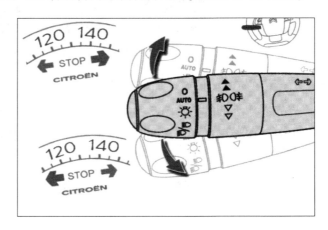

图 15-18　开启阅读灯　　　　　　　　　图 15-19　开启左、右转向灯

7) 开启危险警示灯

按下危险警示灯开关(图 15-20)即可开启危险警示灯。

图 15-20　开启危险警示灯

8）开启日间行车灯

在发动机起动状态下,将灯光操作手柄 A 环置于"O"或"AUTO"的位置上时,日间行车灯会自动开启并常亮。

三、喇叭

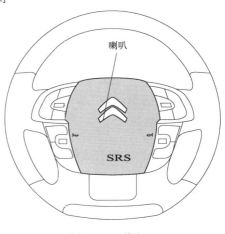

图 15-21　喇叭

喇叭是汽车的音响信号装置,如图 15-21 所示。在汽车的行驶过程中,驾驶员根据需要和规定发出必需的音响信号,警告行人和引起其他车辆注意,保证交通安全,同时还用于催行与传递信号。按压转向盘中的喇叭按钮时喇叭即发出声响,松开后声响停止。

车辆灯具和喇叭是汽车的重要的照明、信号装置,使用过程中应注意保养和检查,保证提高行车安全。

习　题

一、填空题

1. 车辆灯光按作用分_____用灯光、_____用灯光、_____用灯光为三大类。

2. 警示用灯光用于警示_____和_____,以提高_____。

3. 汽车外部照明用灯光可以照亮车体前方的_____,使驾驶者可以在黑夜里安全的行车。

4. 装饰类灯光主要用于装饰,包括车内_____和_____。

二、简答题

1. 示宽灯俗称什么？作用是什么？

2. 近光灯和远光灯分别在什么场景下使用？

项目十六　汽车五方位认知

学习目标

完成本项目学习后,学生应能达到:
1. 说出车辆外观结构的组成;
2. 据图说出车身每段的组成部件名称;
3. 列举出发动机舱内的组成部件;
4. 列举出车内配备的相关部件。

建议学时
2学时。

每一辆汽车都有成千上万的零部件组成,不同功能的零部件在车上的各个区域发挥着不同的作用。可以按车身前段、车身中段、车身后段、发动机舱、汽车内部五方位对汽车上的零部件进行认知。

看到汽车首先映入眼帘的是汽车外观。不同品牌、不同级别、不同车型的车辆外观在色彩、大小、样式、形状上各有差异,但车辆外观的结构大同小异。汽车外观结构可以划分为车身前段、车身中段、车身后段三部分,如图16-1所示。

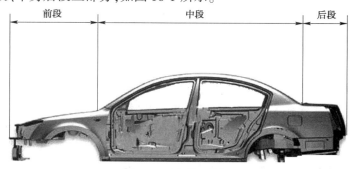

图16-1　车辆外观结构

1. 车身前段

车身前段由前车灯、发动机舱盖、翼子板、散热器罩、保险杠等组成。

1) 前照灯

前照灯具有照明、警示等作用,由转向灯、近光灯、远光灯、位置灯、前雾灯等组成,如图16-2所示。

2) 发动机舱盖

发动机舱盖是最醒目的车身构件,发动机舱盖一般由外板和内板组成,中间夹以隔热材料,如图16-3所示。

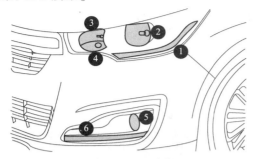

图16-2 前照灯
1-转向灯;2-近光灯;3-远光灯;4-位置灯;5-前雾灯;
6-日间行车灯

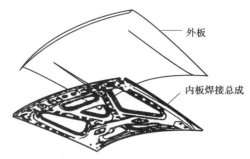

图16-3 发动机舱盖

3)翼子板

翼子板是遮盖车轮的车身外板,按照安装位置又分为前翼子板和后翼子板,前翼子板安装在前轮处,后翼子板安装在后轮处,如图16-4所示。

图16-4 翼子板

4)进气格栅

进气格栅是汽车前脸的重要组成部分,其主要作用是对散热器气流进行整流及导流,保护散热器,如图16-5所示。

5)保险杠

汽车保险杠是吸收、缓和外界冲击力,防护车身前后部的安全装置,如图16-6所示。

图16-5 进气格栅

图16-6 保险杠

6）前围板

前围板位于乘客室前部,通过前围板将发动机室与乘客室分开,如图16-7所示。

2. 车身中段

车身中段由车顶、车门、地板、立柱等组成。

1）车顶

车顶是车厢顶部的盖板,其上可能安装有天窗、换气窗、天线等,如图16-8所示。车顶主要由车顶板、车顶内衬、横梁等组成,如图16-9a)、16-9b)所示。

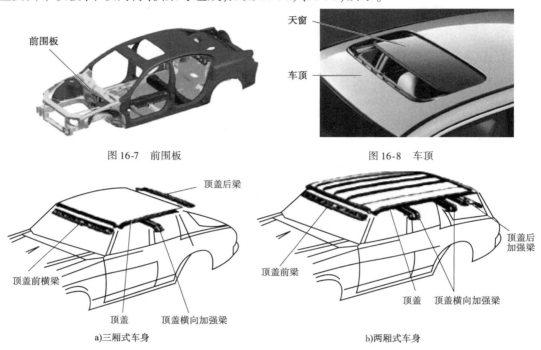

图16-7 前围板

图16-8 车顶

a）三厢式车身 b）两厢式车身

图 16-9

2）车门

车门是成员上下的通道,其上还安装有门锁、玻璃、玻璃升降器等附属设施。车门框架是车门的主要钢架,铰链、玻璃、把手等安装在车门框架上。车门及其附件主要包括车门板（车门内板和车门外板）、车门内饰板、车门铰链、车门锁等组件,如图16-10所示。

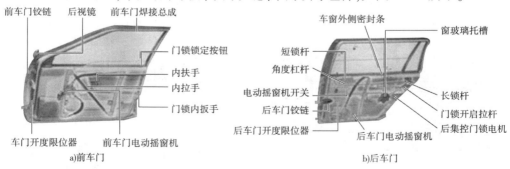

a）前车门 b）后车门

图16-10 车门结构

3）地板

车身地板是车身的基础，是乘客的承载件，由前地板和后地板组成，如图 16-11 所示。

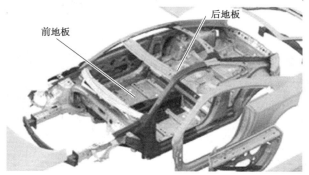

图 16-11　地板

4）立柱

车身中段的立柱起着支撑风窗和车顶的作用，立柱包括牵住（A 柱）、中柱（B 柱）、后柱（C 柱），如图 16-12 所示。

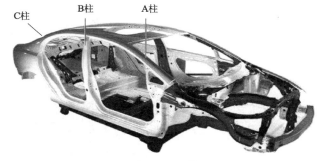

图 16-12　立柱

3. 车身后段

车身后段是用来放置物品的部分。三厢式车的乘客室和行李舱是分开的，两厢式车乘客室和行李舱合二为一。车身后段由行李舱、行李舱盖、后保险杠、尾灯等组成，如图 16-13 的所示。

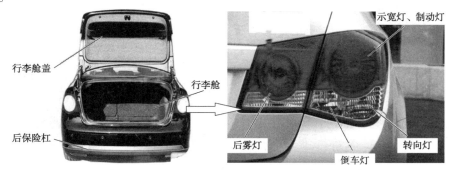

图 16-13　车身后段

4. 发动机舱

发动机舱主要用来装配发动机及其相关零部件，是汽车的核心所在。发动机舱包括发动机、空气滤清器、制动液储液罐、蓄电池、玻璃水储液罐、冷却液储液罐、机油尺等,如图16-14所示。

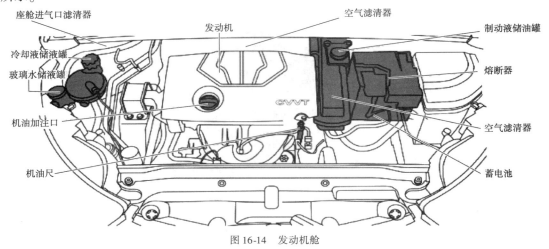

图16-14 发动机舱

5.汽车内部

汽车内部主要是驾驶员、乘客操作和乘坐的空间,里面装配驾驶相关的操作及提供乘坐舒适性相关的配备,如图16-15所示。图16-16为车内配备。

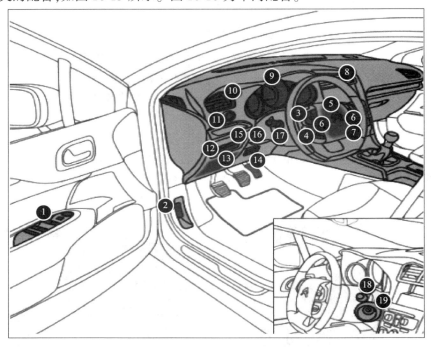

图16-15 车内配置

1-玻璃升降器/后视镜开关;2-发动机罩解锁手柄;3-转向盘上的按钮(定速巡航和限速器);4-行车电脑系统中的浏览查看滚轮;5-驾驶员气囊;6-喇叭;7-触屏导航、音响和通信系统在转向盘上的按钮;8-中央送风口;9-组合仪表;10-驾驶员送风口(左);11-一键式启动按钮;12-大灯高度手动调节;13-电子稳定程序开关;14-电子钥匙阅读器;15-防盗报警器状态显示;16-转向盘调节锁止手柄;17-照明灯/转向灯/雾灯组合开关/语音拨号按键;18-刮水器/洗涤组合开关;19-防盗点火开关

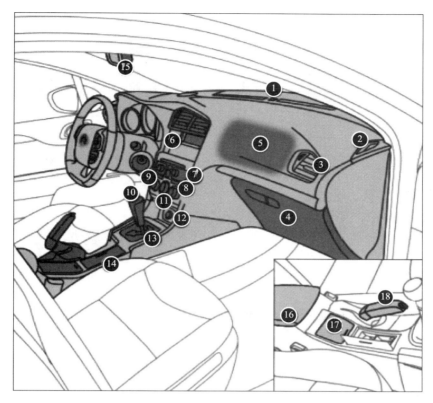

图 16-16　车内配置

1-日照传感器;2-侧窗玻璃除雾送风口;3-乘员送风口;4-杂物箱;5-乘员气囊;6-多功能显示屏或触屏音响及导航;7-音响或多媒体导航系统;8-中央控制门锁锁止/解锁按钮;9-危险信号灯按键;10-变速杆;11-空调控制面板;12-USB 接口、离子发生器开关;13-自动变速箱的运动/雪地模式按钮;14-带点烟器的烟灰缸;15-车内后视镜;16-中央杂物盒;17-茶杯座;18-驻车制动操纵杆

习　题

一、填空题

1. 车辆外观结构由车身_____、车身_____、车身_____组成。
2. 车身前段由_____、_____、_____、散热器罩、_____等组成。
3. 车身中段由_____、_____、_____、_____等组成。
4. 车身后段由_____、_____、_____、_____等组成。

二、简答题

1. 发动机舱内部由哪些部件组成?

2. 车门及其附件主要包括哪些部件?

项目十七　汽车运行材料认知

学习目标

完成本项目学习后,你应能:
　　1. 准确指出汽车运行材料的种类、作用及其特点;
　　2. 识别各运行材料并粗略认知其加注、更换及检查的一般方法。

建议学时
　　2 学时。

汽车运行材料是指汽车运行中所消耗的材料,主要包括燃油、润滑油及其他工作液。汽车运行材料在保证发动机与车辆正常运行、保证行车安全、提高车辆使用寿命等方面有着重要的作用。

一、燃油

燃油是指能够将自身存储的化学能通过化学反应(燃烧)转变为热能的物质。目前汽车所使用的燃油主要是汽油和柴油。

1. 汽油

汽油在常温下为无色至淡黄色的易流动液体,难溶解于水,易燃,并按辛烷值的高低分为 90 号、93 号、95 号、97 号等牌号,如图 17-1 所示。

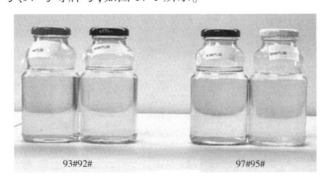

图 17-1　汽油

2. 柴油

柴油如图 17-2 所示,其可分为轻柴油(沸点范围约为 180~370℃)和重柴油(沸点范围约为 350~410℃)两大类,汽车一般使用轻柴油。柴油易燃、易挥发、不溶于水、易溶于醇和其他有机溶剂。轻柴油按凝固点分为 6 个牌号:10#柴油、0#柴油、-10#柴油、-20#柴油、-35#柴

110

油和 -50#柴油。

二、润滑油

润滑油是用在各种类型汽车、机械设备上，以减少摩擦、保护机械及加工件的液体或半固体润滑剂，主要起润滑、冷却、防锈、清洁、密封和缓冲等作用。车用润滑油主要包括发动机润滑油、齿轮油、润滑脂。

图17-2　0#轻柴油

1. 发动机润滑油

发动机润滑油一般为淡黄色的透明液体，如图17-3所示。其可以对发动机起到润滑、冷却、密封、减磨等作用。发动机润滑油由发动舱内的机油加注口注入，如图17-4所示。

图17-3　发动机润滑油

图17-4　机油加注口

发动机润滑油的油位检查工作是发动机的养护工作之一，其对提高汽车使用寿命来说非常重要。进行发动机润滑油的油位检查时，应确保车辆停在平稳的路面上，然后熄灭发动机，等待5~10min左右；然后，取出机油尺并用干净的棉布擦干净后（图17-5），再将机油尺重新插入发动机机油尺孔中（图17-6），静等几秒让机油能完全黏附在机油尺上；最后，取出机油尺，观察机油尺上的机油痕迹的最高位置是否处于机油尺的上限（MAX）和下限（MIN）之间（图17-7），超过上限则代表润滑油过多，低于下限则代表润滑油不足。

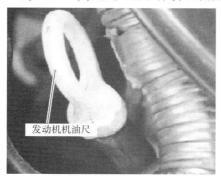

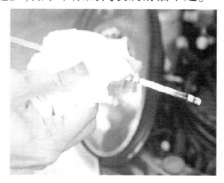

图17-5　抽出并擦拭机油尺

2. 齿轮油

车用齿轮油如图17-8所示。其具有减磨、冷却、清洗、防锈、降噪等作用，主要用于手动挡的变速器与后驱车的差速器的维护作业中。

111

图17-6 插入机油尺

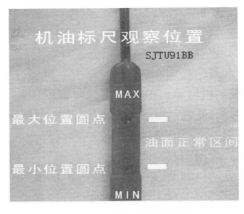
图17-7 观察发动润滑油液位

3. 润滑脂

汽车用润滑脂,又称黄油,是一种稠厚的油脂状半固体物质,如图17-9所示。其主要用于机械零件的摩擦部分,起润滑和密封的作用,主要是汽车轮毂轴承用润滑脂和汽车底盘各连接点用润滑脂,如万向节用脂、传动轴用脂等。

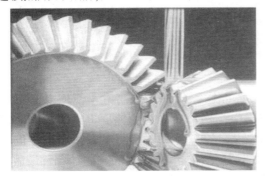
图17-8 车用齿轮油

图17-9 润滑脂

三、汽车运行工作液

除燃料、润滑油外,汽车其他运行工作液包括风窗玻璃洗涤液、冷却液、制动液、转向助力油等,这些工作液在车辆使用中必不可少。

1. 风窗玻璃洗涤液

风窗玻璃洗涤液(玻璃水)是与刮水器搭配使用的,其作用主要是擦拭前风窗玻璃,清洗风窗玻璃上的一些污垢,甚至可以清除那些比较顽固的痕迹,例如油垢等,从而为驾驶人与前排乘客提供良好的视野,便于驾驶人看清车前状况。如图17-10为发动机舱内的玻璃水储液罐。

玻璃水使用频率很高,亏损比较明显。通常通过检查玻璃水的储液罐内玻璃水的液面高度来判断玻璃水的量,当看不到玻璃水的液面时表明

图17-10 玻璃水储液罐

需添加玻璃水了。

2. 冷却液

发动机作为汽车的心脏,要想正常运行,就不能离开冷却液。冷却液对发动机来说,可以带走发动机产生的多余热能,保证发动机在正常的温度范围内运行。图 17-11 所示为发动机舱内的冷却液膨胀罐。

检查冷却液时要在冷车状况下进行。热机状态时,停机 15min 后方可检查。冷却液膨胀罐有液位线标志,分为"MAX"上限与"MIN"下限线,冷却液液面应该位于膨胀罐的"MAX"和"MIN"标记之间。低于下限时则要添加,补充冷却液时,添加的冷却液要与原车的一致,因为混合不同类型的冷却液会引起化学反应,容易引起腐蚀。图 17-12 为冷却液膨胀罐及上面的 MAX 和 MIN 标记。

图 17-11 冷却液膨胀罐

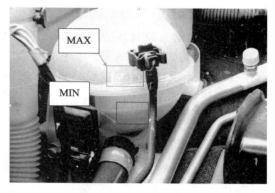

图 17-12 冷却液膨胀罐

3. 制动液

汽车制动液(即刹车油)是用在汽车液压制动系统和汽车离合器的液压操纵系统中,用来传递压力以便使汽车产生制动或离合器分离的液体。图 17-13 所示为发动机舱内的制动液储液罐。制动液的检查包括制动液液面检查和制动液含水量检测,制动液液面检查通过制动液储液罐上的标记完成,制动液含水量检测则需通过汽车制动液检测仪完成。

制动液液面应在制动液储液罐侧面的"MIN"与"MAX"标记之间。若液面在"MIN"标记,应添加制动液至靠近"MAX"位置,液面不应超过最大(MAX)标记。当液面低于最小限位(MIN)时,制动液指示灯会点亮,应该向储液罐中添加制动液和检查制动系统。如图 17-14 为制动液储液罐及上面的 MAX 和 MIN 标记。

4. 转向助力油

转向助力油是汽车助力转向泵里面用的一种特殊液体,通过液压作用,可以使转向盘变得非常轻巧,对保证汽车的操控性很重要。图 17-15 为发动机舱内的转向液压助力油储液罐。

图 17-13 制动液储液罐

图 17-14 制动液储液罐

检查转向助力油时,首先要将转向助力油储液罐的油盖向逆时针方向旋转后拧下来,油盖上有一油尺,如图 17-16 所示。根据油尺上的油液可以判断转向助力油是否足够,油液液面在"MAX"上限和"MIN"下限之间为正常,少于"MIN"下限时需要添加助力油,添加后油液液面不能超过"MAX"上限。

图 17-15 转向助力油储液罐

图 17-16 油盖

值得注意的是:不同车型厂家所指定的汽车运行材料的品牌会有所差异,添加或更换时要使用厂家指定的产品。

习 题

一、填空题

1. 汽车运行材料是指汽车运行中所消耗的_____,主要包括_____、_____及_____。

2. 燃油是指能够将自身存储的_____通过化学反应(燃烧)转变为_____的物质。

3. 柴油易燃、易挥发、不溶于水、易溶于_____和_____。
4. 轻柴油按点分为6个牌号：_____柴油、_____柴油、_____#柴油、_____#柴油、_____#柴油和-50#柴油。
5. 柴油可分为_____（沸点范围约为180~370℃）和_____（沸点范围约为350~410℃）两大类。
6. 润滑油主要起_____、_____、_____、_____、_____等作用。
7. 车用润滑油主要包括_____、_____、_____。
8. 齿轮油具有_____、_____、_____、_____、_____等作用，主要用在的_____变速器与后驱车的_____内。
9. 汽车用润滑脂又称_____，是一种稠厚的_____，用于机械的摩擦部分，起_____和_____作用。

二、简答题

1. 冷却液的作用是什么？

2. 玻璃水的作用是什么？

3. 制动液的作用是什么？

4. 转向助力油的作用是什么？

项目十八　汽车日常检查及应急处置

学习目标

完成本项目学习后,你应能:
1. 准确说出汽车日常检查所包含的检查项目及其检查方法;
2. 能简单说出危险警示灯、三角警示牌的使用方法;
3. 能简单叙述备胎的更换方法。

建议学时
2 学时。

为保障汽车安全、可靠地运行,要使汽车经常处于良好的技术状况,符合机动车安全运行技术标准,除应对汽车进行定期的检修维护外,还应进行预防性的日常检查维护。当汽车准备作长途行驶时,尤为需要进行出车前的检查工作,做到掌握车辆技术状况。当行车途中出现问题时,也必须懂得应对紧急情况的处理措施。

一、日常检查

日常检查包括汽车外观检查,发动机舱检查,仪表检查,传动系统检查,行驶系统检查,转向系统检查,制动系统检查,随车证件、工具、备胎、警示标志检查等。

1. 汽车外观检查

汽车外观应该整洁,表面无划痕损伤,室内干净整齐。车门、后视镜、刮水器等各零部件饰件完好,联结紧固,无缺损,并有正常的技术性能。

2. 发动机舱检查

(1) 发动机舱管路检查。

从上方检查发动机及发动机舱内的管路、软管、接口是否存在渗漏、损坏等,如图 18-1 所示。

(2) 检查发动机机油液位。

检查时,先将机油尺拔出,用干净的抹布擦拭干净重新插回,再次拔出机油尺,读取机油液位,并视情况添加,如图 18-2 所示。

(3) 检查冷却液液位。

检查冷却液液位要在发动机冷态时进行,找到冷却液罐上的上限(MAX)和下限(MIN)两条线,通常冷却液颜色为粉红色或淡绿色,观察液体在两条线之间即可,必要时添加或抽取,如图 18-3 所示。

图 18-1　发动机舱管路

图 18-2　检查发动机机油液位

（4）检查制动液液位。

制动液液位应位于上限（MAX）和下限（MIN）之间，但不得高于上限，如图 18-4 所示。

图 18-3　检查冷却液液位

图 18-4　检查制动液液位

（5）检查转向助力油液位。

冷态时，转向助力油液位应在下限（MIN）附近，暖机（50℃以上）时，液位应在上限（MAX）和下限（MIN）之间。检查时，拧下带油尺的助力油罐盖子，用一块干净的抹布擦干净油尺后重新拧紧，再次拧下该罐盖并读取液位，如图 18-5 所示。

3. 仪表检查

汽车冷却液温度表、燃油表、转速表、车速里程表、机油压力表等仪表功能正常，并灵敏有效。

4. 灯光检查

（1）检查前照灯、雾灯、示宽灯。

打开前照灯和雾灯开关后，检查前照灯、雾灯和示宽灯是否亮起，顺带检查仪表显示，如图 18-6 和图 18-7 所示。

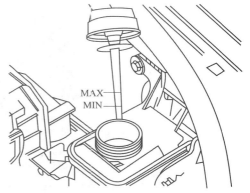

图 18-5　检查转向助力油

（2）检查远光灯。

将远光灯开关打开，查看远光灯是否亮起，如图 18-8 所示。

图 18-6 开启前照灯、雾灯

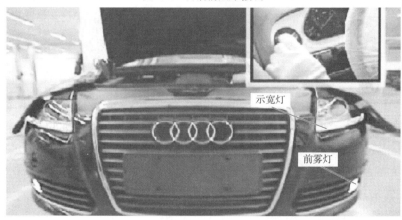

图 18-7 开启雾灯

图 18-8 检查远光灯

(3) 检查光束高度调节。

检查时,调节光束调节开关,观察灯光光束是否能随之改变,如图 18-9 所示。

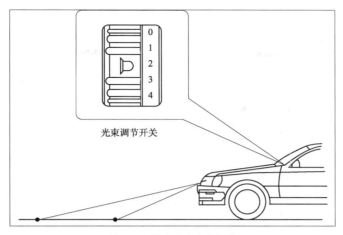

图 18-9　检查光束高度调节

(4) 检查尾灯、牌照灯。

打开前照灯开关时候, 检查尾灯和牌照灯是否亮起, 如图 18-10 所示。

(5) 检查后雾灯。

打开后雾灯开关, 检查后雾灯是否亮起, 如图 18-11 所示。

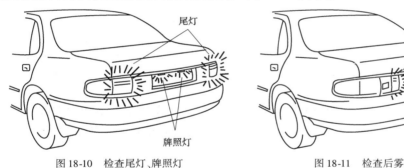

图 18-10　检查尾灯、牌照灯　　　　　图 18-11　检查后雾灯

(6) 检查转向灯。

打开左、右转向灯开关, 检查左、右转向灯是否亮起, 如图 18-12 所示。

(7) 检查危险警示灯。

打开危险警示灯开关, 检查危险警示灯是否闪烁, 如图 18-13 所示。

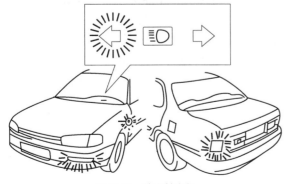

图 18-12　检查转向灯　　　　　　　图 18-13　检查危险警示灯

5. 传动系统检查

离合器应接合平稳、分离彻底、不打滑、无抖动和异响,操作轻便;换挡时,变速器及分动器齿轮啮合灵便,自锁、互锁装置有效,运行中无异响;传动轴在运转时不发生振抖和异响,中间轴承、万向节不得有裂纹、松动现象;主传动器、差速器工作应正常,无异响。

6. 行驶系统检查

轮胎无漏气、爆裂现象,胎冠上花纹深度的磨损后应不小于1.6mm,胎面因局部磨损不得暴露出轮胎帘布层,胎面和胎侧不得有深度足以暴露出帘布层的破损和割伤;减振器、悬架系统工作应正常。

7. 转向系统检查

车辆的转向盘应转动灵活、操作轻便、无阻滞现象,车轮转到极限位置时,不得与其他部件有干涉现象;转向轮转向后应有自动回正能力;转向节臂,转向横、直拉杆及球销,应无裂纹和损伤,且球销不得松旷、横、直拉杆不得拼焊。

8. 制动系统检查

行车制动踏板自由行程应符合该车整车有关技术条件的规定;行车制动系统最大制动效能应在踏板全行程的4/5以内达到,驻车制动系统最大制动效能应在操纵杆全行程的3/4以内达到。

二、应急处置

应急处置就是对行车过程中应急情况的处理方法,应急处置包括危险警示灯的开启、三角警示牌的放置、更换备胎等。

1. 危险警示灯的开启

危险警示灯主要在应急处理时开启,起到警示作用。在驾驶时遇到车辆故障或轻微事故、遇到能见度较低的恶劣天气、夜间临时停放、遇高速公路堵车等情况下需要开启。

2. 三角警示牌的放置

三角警示牌是当在路上需要紧急停车时,放置在车辆后方、用以提醒后方车辆的一种随车安全配件。对于大多数车辆来说,三角警示牌与千斤顶一样,都是在买车的时候随车配备的。一般放置在车辆的行李舱或者行李舱的下隔板下面,如图18-14所示。

图18-14 三角警示牌

当驾驶人在路上遇到突发故障停车检修或者是发生意外事故的时候,利用三角警示牌的反光性能,可以提醒其他车辆注意避让,以免发生二次事故。在常规道路上,三角警示牌设置在车后50~100m处;在高速公路上,则要在车后150m外的地方设置警示标志,若遇上雨雾天气,还得将距离提升到200m,如图18-15所示。

3. 更换备胎

当汽车发生爆胎或者轮胎漏气时需要将备胎(图18-16)更换上去。大多数车辆备胎的质量要比原装胎差,只能暂时使用。

更换备胎一般按以下步骤进行。

项目十八　汽车日常检查及应急处置

图 18-15　三角警示牌放置

图 18-16　备胎

(1) 抬起行李舱地毯并向外拉出,解开固定带,然后把车轮向前推一下,即可取出轮胎,如图 18-17 所示。

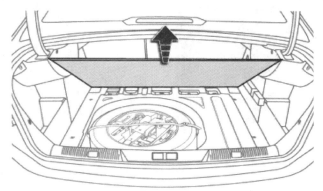

图 18-17　取备胎

(2) 解开固定带,取出工具,如图 18-18 所示。工具由轮胎扳手 1 和千斤顶 2 组成,如图 18-19 所示。

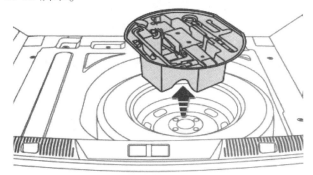

图 18-18　取工具

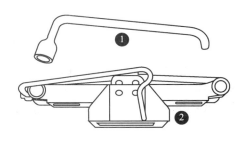

图 18-19　工具
1-轮胎扳手;2-千斤顶

(3) 把千斤顶安放在车轮损坏附近的底架的指定部位,如图 18-20 所示。
(4) 顺时针摇动千斤顶手把,使千斤顶与车身接触,如图 18-21 所示。
(5) 用轮胎扳手拧松动所有的螺栓,如图 18-22 所示。
(6) 将千斤顶继续撑起,直至轮胎脱离地面几厘米,如图 18-23 所示。

图18-20　安放千斤顶

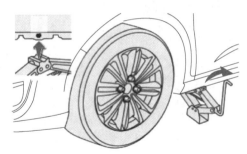
图18-21　支升车身

图18-22　拧松螺栓

图18-23　轮胎离地

图18-24　取下螺栓、轮胎

(7)拧掉所有的螺栓,并取下轮毂上的轮胎,如图18-24所示。

(8)把备胎安装在轮毂上。

(9)拧上螺栓,但不要拧紧。

(10)把千斤顶降下来,并拆除千斤顶。

(11)用轮胎扳手把螺栓拧紧。

对车辆进行日常检查,并在紧急情况下采取合理应急处置措施,可以有效提高车辆的使用寿命,保证行车安全。

习　题

一、填空题

1.汽车日常检查包括汽车外观检查,_____检查,_____检查,传动系检查,_____检查,_____检查,_____检查,随车_____、_____、_____、警示标志检查等。

2.汽车外观检查中应确保_____、_____、_____等各零部件饰件完好,联结紧固,无缺损,并有正常的_____性能。

3.仪表检查时,汽车_____表、_____表、_____表、_____表、_____表等

仪表功能正常,并灵敏有效。

4._____主要在应急处理时开启,起到警示作用。在驾驶时遇到车辆_____或轻微事故、遇到_____较低的恶劣天气、_____临时停放、遇高速公路_____等情况下需要开启。

5._____是当在路上需要紧急停车时,放置在车辆_____、用以提醒后方车辆的一种随车安全配件。

6.在常规道路上,三角警示牌设置在车后_____~_____m处;在高速公路上,则要在车后_____m外的地方设置警示标志,若遇上雨雾天气,还得将距离提升到_____m。

二、简答题

1. 传动系统检查包含哪些内容？如何检查？

2. 行驶系统检查包含哪些内容？如何检查？

3. 转向系统检查含哪些内容？如何检查？

4. 制动系统检查含哪些内容？如何检查？

参 考 文 献

[1] 万海军.汽车使用性能与检测[M].北京:中国劳动社会保障出版社,2008.
[2] 刘树林.汽车电气系统检修[M].昆明:云南人民出版社,2014.
[3] 丁宏伟.汽车材料[M].北京:中国劳动社会保障出版社,2007.
[4] 胡小牛.汽车车身构造与维修[M].北京:中国劳动社会保障出版社,2009.